雅斯贝尔斯

教育薪火书系·第一辑

雅斯贝尔斯之本真教育

张宏◎著

山西出版传媒集团
山西人民出版社

图书在版编目（CIP）数据

雅斯贝尔斯之本真教育/张宏著. —太原：山西人民出版社，2018.11
（“教育薪火”书系/张斌贤主编）
ISBN 978-7-203-10575-6

Ⅰ. ①雅… Ⅱ. ①张… Ⅲ. ①雅斯贝尔斯（Jaspers，Karl 1883—1969）—教育思想—研究 Ⅳ. ①G40-095.16 ②B516.53

中国版本图书馆 CIP 数据核字（2018）第 237948 号

雅斯贝尔斯之本真教育

著　　者：张　宏
责任编辑：贾　娟
复　　审：傅晓红
终　　审：秦继华
装帧设计：李尚斌　张国仁

出 版 者：**山西出版传媒集团·山西人民出版社**
地　　址：太原市建设南路 21 号
邮　　编：030012
发行营销：0351-4922220　4955996　4956039　4922127（传真）
天猫官网：https://sxrmcbs.tmall.com　电话：0351-4922159
E - mail：sxskcb@163.com　发行部
sxskcb@126.com　总编室
网　　址：www.sxskcb.com

经 销 者：**山西出版传媒集团·山西人民出版社**
承 印 厂：山西出版传媒集团·山西人民印刷有限责任公司

开　　本：787mm × 1092mm　1/16
印　　张：11.75
字　　数：200 千字
印　　数：1—3000 册
版　　次：2018 年 11 月　第 1 版
印　　次：2018 年 11 月　第 1 次印刷
书　　号：ISBN 978-7-203-10575-6
定　　价：58.00 元

教育薪火　传承不息（总序）

钟秉林

在人类的历史长河中，教育一直伴随人类的文明进程在不断发展进步，那些弥足珍贵的教育著作、教育思想、教育人物和事迹，无时无刻不在拨动着教育工作者的心弦。我们永远无法忘记那些给我们留下宝贵思想财富的教育家，他们的思想、言论和实践，依然是激励我们教育工作者前进的动力。时至今日，教育的发展与变革更成为世界各国应对日趋激烈的国际竞争的重要战略。在科教兴国战略的指导下，党和国家对教育工作给予了高度的重视，深刻认识到教育家对教育事业的重要性。《国家中长期教育改革和发展规划纲要（2010—2020年）》就明确提出："创造有利条件，鼓励教师和校长在实践中大胆探索，创新教育模式和教育方法，形成教学特色和办学风格，造就一批教育家，倡导教育家办学。"

要想成长为教育家或者在教育实践中能够起到扛鼎作用并非易事，需要我们教育工作者吸收过往教育家留下来的丰富教育营养，清晰地认识什么是真正的教育家，教育家应该具备什么样的素质和条件，做到融会贯通，大胆实践，自成一家。与此同时，在教育改革的大背景下，普通教师同样迫切需要能够在教书育人过程中得到启迪和突破的催化剂，教育家的思想和实践是经过检验的真理，是教学启迪催化剂的最佳选择。

然而，在浩瀚的书海中，以教育家为主线、囊括中外、跨越古今、自成体系的书系并没有面世。山西的《新课程》杂志社和《现代职业教育》杂志社，在教育的广袤园地上深耕多年，熟知一线教师的需求，希望为普通教师策划一套教育理论普及读物，以使广大中小学教师能够“近距离”地接触中外历代教育家的教育思想、实践经验和办学理念，促进教育理论水平的提高，从而更好地开展教育教学实践。书系的策划人与张斌贤教授为理事长的中国教育学会教育史分会的夙愿不谋而合，合作编写一套大规模的、以教育家为主线的书系的想法随之形成。

策划团队把书系命名为“教育薪火”，是希望教育家的教育思想能够薪火相传，不断推动人类文明的发展。“教育薪火”书系拟分为三辑出版，按照中国古代、中国近现代、外国古代和外国近现代分类。第一辑共选择了一百余位中外教育家，一位教育家一本书，规模宏大，应该说能够在中国教育出版史上留下浓墨重彩的一笔。所选教育家都是经过书系编委会认真研究、充分论证而定的，他们在教育史上有较大的影响，能够启迪或者感染教育工作者，推进教育和教学的发展。当然，其中有的教育家更为名声在外的不是在教育上，但是他们在教育上的贡献毫不逊色于其他方面的贡献，比如我们熟知的一些革命家；另外，还包括了一些具有地方特色的教育家以及还没有被人们真正认识的教育家。

必须提及的是，中国教育学会教育史分会非常荣幸地邀请到我国著名的教育学者顾明远教授、叶澜教授、史宁中教授、宋乃庆教授、田正平教授、裴娣娜教授和朱小蔓教授等担任书系的顾问，成立了由40位教育学界具有重要影响的学者组成的编委会，为书系的质量保驾护航。

还需提及的是，《新课程》杂志社和《现代职业教育》杂志社为物色学有专长的作者付出了巨大的辛劳。书系的作者地域和院校分布广泛，既有北京师范大学、华东师范大学、东北师范大学、华中师范大学、陕西师范大学、南京师范大学、首都师范大学等师范院校的学者，也包括武汉大学、四川大学、南京大学、南开大学、天津大学、河北大学、河南大学等综合大学的教师。作者以教育史专业的中青年教师为主力军，他们朝气蓬勃、时代感强，研究范围涉猎较广，能大胆地探索和怀疑，一些新的教育研究成果不断涌现，为书系注入了难得的新鲜气息；他们与一线中青年教师同处一个频道，其思维模式很容易被接受。

客观而言，现在每年出版的教育类图书很多很多。一类为实践性强和操作性强的教学类图书，教师拿来就可以在课堂上使用；另一类为理论性强和学术性强的图书，印数少，流通范围小，普通教师往往望而却步。然而，教育理论只有指导教育实践才有存在的价值。在我看来，书系最具特色的价值就是秉承了教育理论通俗化这一理念，在教育理论研究者和普通教师之间架起了一道桥梁。书系以教育家为主线，坚持学术性与普及性并重，用通俗化的语言，或阐述教育家的教育思想精华，或叙写教育家的精彩教育事迹和教育实践，力图"润物细无声"，让教师喜欢读，在读中提高素养，深刻理解教育家，形成自己的理论，推进"教育家办学"。

当然，书系在真实性上也颇下功夫。以史料为依据，实事求是叙述，客观全面评价，不有意拔高教育家的贡献，注重教育家闪光点的挖掘和传播，是教育家历史画卷现代版的呈现。书系成规模、系统化，学术性和可读性强，具有较强的收藏价值，非常适合各中小学图书室和大学图书馆选择配置。

中国教育学会教育史分会为教育事业做了一件好事，张斌贤理事长请我作序，我觉得理应支持，欣然应允。

希望广大教育工作者能够认真阅读这套图书，为自己的教育职业生涯发展打下坚实基础，为成长为新时期的教育家而不懈努力。

丁酉年正月于北京

（作者系中国教育学会会长、北京师范大学原校长）

目　录

第一章

回归本真教育的时代诉求

在现代化向纵深发展的当下，我国处于社会转型的深刻变革时期。社会转型对人的发展提出了更高的要求，教育作为一种“成人”之学无疑在培养人、塑造人的过程中起到了至关重要的作用。

“教育”一词在英语中有“抚育、自身生成”的意思，在德语中则有“引导、唤醒”的意味，在古代汉语中则是“上施下效”的含义。但当教育置于现实社会生活大体系中被规范为一种价值活动及与其相连的社会子系统时，人们的认识迥异。认识的模糊导致行动的盲目和失控。在社会处于深刻转型时期，当精神虚无、道德危机、战争威胁、能源耗竭等一系列现代化的弊病搅动着社会的不安和动荡时，人们的目光重新聚集到教育，寻找社会问题的症结。[②]教育再一次被推到了社会转型大潮的风口浪尖，进入了深深的反思之中。

一、诘问教育：困境何在

从某种意义上说，我国当前教育的最大弊端是其已经偏离了“教育之为教育”的本真状态，这种弊端使其陷入尴尬，遭遇困境。可概括为，由于教育与时代的紧张关系，教育的职能被边缘化；由于教育自身文化内涵的贫乏，教育的功能没有得到完全释放。因此，分析和反思传统教育的弊端和现代困境是突破其困境的前提，只有发现问题才有可能解决问题。传统教育的现代困境主要有以下几个方面：

（一）人的工具化——缺乏主体性维度的存在

在现代化进程中，伴随着科学技术的发展和物质资料的极大丰富，人们的生活质量和水平极大提高，与此同时，人的发展呈现片面化和肢解化。正如某学者所言，我们在相信科学是通向人类的幸福之路的同时，也惊恐地看到正是这个科

①郭丽君：《重新审视教育》，载《内蒙古师范大学学报（教育科学版）》2004年第7期，第1—4页。

学在向人类提供自杀的手段。[①]在此背景下,人们容易产生对科技的过度依赖和对物质财富的过度追求,“科技理性至上”和“商品拜物教”随之产生。换言之,“人变成了商品,其生命变成了投资,以便获得在现存市场条件下可能得到的最大利润。人与人的关系从本质上讲不过是已经异化为自动机器的人与人之间的关系”[②]。科技至上、经济至上、消费至上使人役于物,人成为逐物的工具人,人的发展呈现片面化和不自由。“当人们把对物的追求、占有与消费当作人的全部目标时,人自身的完整性就失去了,因为他失去了人生的一个重要方面,即精神世界。这意味着他失去了向善、向美的动力,失去了追求总体的内在冲动,完全沉溺于外在的、表面的、物化的存在状态中。”[③]

当社会开始转型时,教育也随之发生变化。当科学技术带给人类的巨大福祉遮蔽了人们灵魂的眼睛,对教育本质问题的关注让位于教育的实用性,人们已忘记教育为何物。自 20 世纪教育与科学被运用于经济之中时,其身价马上增加了百倍,受到人们的追捧。如果某门科学与国家的存亡有着密切的关系,那么这门科学的功能就会发挥到极点,该状况在现代科技肇始就已形成。[④]由于教育对科学技术和经济发展的巨大推动作用,人们把教育视作当代社会的一大支柱。在此历史进程中教育逐步丧失其本真的意义,成为工具理性操纵下的功利主义教育。这种教育的主旨是教人去追逐、适应、认识、掌握、发展外部的物质世界,放弃了它引领精神世界的职责。教育不能让人们从人生的意义、生存的价值等根本问题上去认识和改变自己,抛弃了塑造人自由心灵的那把神圣的尺度,把一切教育的无限目的都化为谋取生存适应的有限目的。这致使当下教育领域外在多余的东西越来越多,而内在必需的东西越来越少。正如艾略特所说,个人对教育的要求,不是为了智慧,而是为了维持下去;阶层需要教育,是为了要胜过其他阶层,或者至少不被其他阶层所胜过;国家需要教育,是为了要胜过其他国家。[⑤]因此,教育既同科学技术发展水平相联系,也同国家地位的提高相联系。

---

①鲁洁:《当代德育基本理论探讨》,南京:江苏教育出版社,2003 年版,第 20 页。

②[美]弗洛姆:《爱的艺术》,陈维纲译,成都:四川人民出版社,1986 年版,第 96 页。

③车玉玲:《总体性与人的存在》,哈尔滨:黑龙江人民出版社,2001 年版,第 89 页。

④[德]雅斯贝尔斯:《什么是教育》,邹进译,北京:生活·读书·新知三联书店,1991 年版,第49 页。

⑤郭丽君:《重新审视教育》,载《内蒙古师范大学学报(教育科学版)》,2004 年第 7 期,第 1—4 页。

教育本质的偏离带来了教育的危机。

任何一种教育理论和实践都是基于某种人学理念之上，或者是基于某种人性假设之上的。教育作为一门“成人”之学，应当充满人文精神。当下教育的以上困境是因为对教育本质的遗忘。之所以会如此，是因为主体性哲学主体—客体二分(以下简称“主客二分”)式思维模式的影响，造成教育理论和实践陷入“非人化”的尴尬境地。教育工作者以对待物的方式来教育人，并导致在教育实践活动中受教育者被置于客体和被改造的地位，这是一种在“‘物’的被改造范式中给你一点灵活性——从来没有上升到‘人’的高度上来思考……人也就必然由于目的地位的丧失而沦为‘物’的存在、‘工具’的存在”[①]。这种以对待物的方式教育人的理念的最大特点就是模式化、标准化、一体化，在根本上忽视了人的生命价值。

主客二分思维方式下的教育主体论在相对封闭的计划经济时代还有存在的合理性和可能性。然而，随着社会主义市场经济的发展，人的独立性、自主性不断增强，教育必须以人的方式对待人和把握人。事实上，教育是一个与物的世界截然不同的人的世界，只能用对人的方式去把握和对待，这就要把关注人特别是关注人的现实生活、生存状态、生命价值等作为教育的根本目的和终极目标。正如有学者所言：“教育是直面人的生命、通过人的生命、为了人的生命质量的提高而进行的社会活动，是以人为本的社会中最体现生命关怀的一种事业。”[②]

人的主体性是实现超越的必备前提，人的存在必然是一种自由自觉的存在。但是，当下的教育现实却对人的主体性维度关注甚少，远没有使人性达到圆满充盈的境界。回顾我国教育价值观的发展历程就会发现，教育的本体价值问题始终游离于教育目标之外。

20 世纪 80 年代，国家将工作重心转移到经济建设上，突出了教育的经济功

①王啸：《教育人学》，南京：江苏教育出版社，2003 年版，第 334 页。

②叶澜：《教育理论与学校实践》，北京：高等教育出版社，2000 年版，第 136 页。

能，教育要“培养数以亿计的各行各业的有文化、懂技术、业务熟练的劳动者和造就数以千万计的各种专业人才”，这时教育的社会价值观占主导，目的是培养各类专门的“经济人”或者“知识人”。由于过去长期以来过于重视教育的社会价值，导致在教育实践中片面追求升学率，使人的个性受到极大漠视和压抑。进入20世纪90年代，教育学界进行了反思和探讨，在认同教育是培养人的社会活动的同时，主张实施素质教育，教育价值观的主流精神也逐渐从单纯关注知识，转向对全面素质的关注，开始强调培养“素质人”。“素质人”本应集中体现教育的本体价值取向，但在现实中往往把这种素质片面理解为单向度适应社会需要的素质，很少关注该素质是否能满足学生自我实现的需要。世纪之交，随着我国教育的大力发展，教育价值观无论在理论上还是在实践中都出现了两种相反的观点：一种观点主张向人本体回归，体现以人为本，认为教育首先要体现本体价值观；另一种观点则主张教育要突出为社会服务的功能，培养社会承认的“有用”的人或“成功”的人，人的工具性特征被凸显。[①]

由于教育对“人”及其本体价值认识的错位，人的主体价值必然处于教育的边缘，教育培养的人只能是一种工具性的存在。教育本体价值的错位，导致强调按照现实存在的物质世界这一外在尺度来塑造人，而没有用人的自由心灵这一内在尺度来发展人。然而，人是不应被当作工具而存在的。康德曾经说过：“无论你自己或别的什么人，你始终把人当成目的，总不把他只当作工具。”[②]人的工具化的结果带来了两个弊端：“一个是学问成了政治和经济的工具，失掉了本来应有的主动性，因而也失去了尊严性。另一个是以为惟有实利的知识和技术才有价值，所以做这种学问的人都成了知识和技术的奴隶。因此产生的结果是人类尊严的丧失。”[③]

（二）人的模式化——缺乏个性化维度的存在

人的本真存在是个性化存在，人与人之间的不同在于个性的不同，人类社会

①徐广宇：《论现代大学的文化使命》，南开大学2009年博士学位论文，第146—147页。

②苗力田、李毓章主编：《西方哲学史新编》，北京：人民出版社，1990年版，第551页。

③[英]阿·汤因比、[日]池田大作：《展望21世纪：汤因比与池田大作对话录》，荀春生、朱继征、陈国梁译，北京：国际文化出版公司，1985年版，第61页。

生活也正是因为有了具有不同个性人的存在而变得丰富多彩。教育即发展人的个性。所谓发展人的个性，就是要在人的共同性的基础上充分地把人的差别性凸显出来，从而使每个人都具有高度的自主性、独立性与创造性。人的个性化的存在，决定教育过程是一个因材施教，促使学生自觉、自为、自我创造的过程，而不是机械地按照社会的“模型”“模具”进行塑造和加工的过程。而现行教育恰恰是按照统一标准对人进行塑造和加工，往往抑制人的个性发展。

现行教育是一种制度化教育，突出强调“规范”“标准”和“模式”。在教育制度化背景下，学校教育形成了众多的大一统：学校千人一面，课程千篇一律，课堂清一色教师独白，看一样的书，听一样的课，单一的评价标准，享有同样的教学进度，等等。在日常教育中，教育者和管理者往往把学校比喻为工厂，把学生比喻为产品，把教学过程看作生产过程，把没有达到统一规范要求的学生看成“次品”。在这种观念的指导下，学校以工程学原理为基础设计教育过程，选择教育方式，使教育运作工艺化、流程化，实现精确的教育“生产”和“加工”，而学校的责任就是要避免出现不符合“标准”和“规范”要求的“次品”，致使对人的性格、感情、意志、冲动等的要求越来越没有了差别。①学校与工厂不一样，却仍然是差不多的管理方式，学校跟地方政府不一样，却也是差不多的管理方式，其结果是“在最不适宜实行垄断的地方实行了，学校个性消失了，教育个性也就难以生长起来”②。正如有学者所言：“自然界用尽所有心力，尽可能使我们的一群孩子秉性各异，自然界不遗余力地把无限的可能性隐藏其中，没有人能够确定或预言这些可能性。但是我们做父母(教师)的，在对孩子教育的过程中，却要根除这种多样性，把我们的一群本来是多样的孩子变成性格一律的集体……在这种企图中，能够取得明显进步的惟一方法是消除、阻止、防止个体特殊的以及与众不同的个性的发展。遗憾的是，在一定程度上可以做到这一点……而这种过程恰好可以和杀人相比。”③

事实上，在真正的学校，百个学生应是百个不同的人，学校也因为培养出一个个颇具个性的学生，而使自己具有个性特色。如果学校教育丧失自己的文化

①徐广宇：《论现代大学的文化使命》，南开大学2009年博士学位论文，第149—150页。
②张楚廷：《教育哲学》，北京：教育科学出版社，2006年版，第149页。
③[美]托马斯：《不适应的少女》，钱军译，济南：山东人民出版社，1988年版，第207页。

使命而走上现代标准化、程序化生产道路，那么这种标准化、程序化教育培养的人只会是失去个性的人。正如霍克海默所批判的："在卢梭的《爱弥尔》或歌德的《威廉·迈斯特》里，个人教育被认为是一个独特的、不可重复的过程。相反，在现代，教育也在变得程序化起来。由于各类学校和大学过于拥挤，在许多方面人们必须放弃追求自由和个人待遇的欲望，因而相反的情形就产生了，即机器的控制和随之而来的非个性化。"①

我国传统的教育思想、制度和方法具有封闭性，强调规范约束，忽视自由发展，使人的创造性难以发挥。教育内容是固定、僵化的，教育任务就是灌输这些内容，且不能稍加发挥，不能问为什么，考试按固定的内容和格式照答就行，把学生引向追求高分数。因此，传统教育思想、制度和方法培养出来的人"唯书""唯上"，必然缺乏创造性和进取精神。此时的教育实际上成了压制学生个性和创造性的工具，强调规范约束的理念和思维方式对教育主体的创造性和能动性等以及生命和自由发展造成极大的束缚和限制。该理念指导下的传统教育把教育者作为唯一主体和教育实践活动的发出者，受教育者是规范约束的对象和被动接受的客体，所教授和承载的是脱离了受教育者人性内涵的空洞的知识技能和行为理念，它背离了受教育者的人性发展和教育自身发展的规律，是对受教育者的创造性、进取精神的极大束缚和自由发展的忽视。受教育者作为教育实践过程的重要组成部分，是与教育者相伴而生的。受教育者与教育者都是作为主体而出现在教育实践过程中的，他们之间是主体—主体的关系，体现的是主体间性或主体际性。因此，受教育者作为教育主体本应表现出作为"主体"所应具有的创造性、能动性、自由性。②

随着时代和社会的发展，尊重人的主体地位、发扬人的主体性成了时代的最强音。教育理论界根据时代的精神要求也掀起了唤醒受教育者的主体意识、培养受教育者的主体能力、塑造受教育者的主体人格的浪潮，尊重受教者的主体性已经成为教育理论界的共识。在时代发展和教育理论自身发展对人的主体地位及其主体性的呼唤和弘扬的双重诉求下，传统教育把教育者当作唯一的主体，把

①刘济良：《论科学技术对人的异化与教育对人的价值世界的重建》，《教育理论与实践》2003年第4期，第12—15页。

②于光：《德育主体论》，东北师范大学2009年博士学位论文，第63—64页。

受教育者当成规范约束的客体的理念和思维方式遇到了前所未有的困境和挑战。教育"要顺应时代和社会发展的步伐,充分尊重受教育者的教育主体地位,就必须用实现受教育者的自由发展来代替对受教育者的简单规范约束"[①]。

（三）人的奴性化——缺乏批判性维度的存在

当下,受"科学主义"思想影响,人们秉持科学世界观。科学世界观是人们把自然科学的思维方式和价值原则作为整个世界的精神本质和核心要素的一种世界观。科学世界观的形成与发展是与近代自然科学的迅猛发展分不开的,换句话说,科学世界观的形成是源于近代自然科学在理论上和实践中获得的巨大成功。该种以实体主义的世界图景、本质主义的思维方式、理性主义的认识路线和客观主义的知识标准为基本特征的科学世界观使人游离于"世界"之外,成为无家可归的流浪汉和漂流在"科学孤岛"上的鲁滨孙,它同时也造成了人的生存世界的被肢解,从而造成了对人的生活世界的轻视和遗忘。没有科学理性我们无法生活,但是仅仅有科学理性我们同样也无法生活。[②]"近代科学打破了隔绝天与地的屏障,并且联合统一了宇宙,这是对的。但是,这样做的结果是把我们感知的世界,我们在里面生活着、爱着和死着的世界,代之以另一个量的世界,具体化了的几何世界,虽然有每一个物的位置却没有了人的位置的世界。于是,科学的世界——现实世界——变得陌生了,并且与生命的世界完全分离,而这生命的世界是科学无法解释的。"[③]

在此背景下,受科学世界观的影响,传统教育把追求科学理性、构建科学的理论逻辑体系和研究方法的科学化作为其发展的任务和首要目的。由于崇尚科学世界观造成了作为教育主体(受教育者)——人的实体化,人成为一种脱离社会生活而单独的存在物,从而造成人遗忘了生活世界或生活世界遗忘了人,人与生活世界的这种被割裂状态,极易导致对人的精神生活和超越性的遗忘,并最终造成人的主体性被否定。[④]"传统的课堂教学远离了学生,远离了学生的现

①于光:《德育主体论》,东北师范大学2009年博士学位论文,第64页。

②于光:《德育主体论》,东北师范大学2009年博士学位论文,第64—65页。

③[比]普里戈金,[法]斯唐热:《从混沌到有序》,曾庆宏译,上海:上海译文出版社,1987年版,第71页。

④于光:《德育主体论》,东北师范大学2009年博士学位论文,第65页。

实生活，颠倒了科学世界与学生的生活世界之间的关系，学生的整个生活被定格在抽象的科学世界和符号世界之中，缺乏对学生的精神世界和生活世界的全面观照，他们的道德生活、审美生活乃至整个精神生活无法得到充分的满足，致使课堂教学丧失了应有的生命价值与生活意义，蜕变成了一个‘物的世界’。”[①]当下的传统教育把学生的生活固定在书本世界或科学世界里，教育与人的生活世界分离，难以体现教育全部的生活意义和生命价值，教育在生活世界的意义失落中艰难前行，不能为学生建立起有价值的生活秩序和生活方式。相反，标准化、同步化、统一化、制度化的基础教育使儿童过着被扭曲、单调、片面，甚至畸形的生活。

基于以上分析，现行教育在一定程度上容易造就奴性化的人。奴性化使人丧失尊严与价值，表现为唯书、唯上，盲目崇拜权威，不会自己思考问题、判断是非，盲从别人的观点，缺乏创造性。造成以上结果的原因之一，是一直以来基于等级化师生双边关系而形成的传统教育模式。这种教育方式大多采取以教师为中心的权威教育，反对学生参与教学决策，一切教师说了算，在教学方式上采取灌输式教育，不顾及学生的经验，不重视他们的问题，很少或者不听取他们的意见。在评价标准方面，教师往往把那些“顺从”“听话”的学生看作“好孩子”，而把那些“不听话”“调皮捣蛋”的学生看作“坏孩子”。长期置身于这样的教育方式中，即使那些“叛逆”的学生也会被奴性化，逐渐失去反思的能力和批判性思维，一旦没有了教师的控制，学生反倒很不适应，如同处在被弃置的空无一物的可能性空间。而那些本来十分优秀的教师，由于长期单向传授知识而缺乏外在交互刺激，也会慢慢丧失教学的创造性。大众常常感叹我们的教育培养不出创造性人才，也许长期以来我们的教育秉承奴性化教育模式是众多原因中的一个重要因素。[②]

教育是人的特殊社会活动，是教师与学生的双边活动，教育的过程是生命与生命碰撞的过程。在教育过程中，教师和学生两个生命主体要实现彼此的终极解放，就要实现平等对话，进行批判思维。当然，并不否认教师具有的权威性，但

①王攀峰：《走向生活世界的课堂教学》，北京：教育科学出版社，2007年版，第43页。

②徐广宇：《论现代大学的文化使命》，南开大学2009年博士学位论文，第148—149页。

是教师的权威不是教师中心或教师强制。因为生命不能简单地依靠权威控制。对教师权威也应正确地理解，它来源于教师"对生命本身的感悟，对命运的把握和对其自身的超越，是来自高尚的灵魂对另一种渴望向上的生命的感召力量"；"它应是教师对学生在精神上的引导、凝聚、影响，使之个体的自由得到教师的权威的涵养下成长"。[①]正如卡尔·雅斯贝尔斯所说："真正的权威来自于内在的精神力量，一旦这种精神力量消失，外在的权威也随之逝去。"[②]教育应寻求权威和自由之间的平衡，当权威不再成为强制，而是作为一种巨大的精神魅力，成为对学生自由的守护力量的时候；当权威不是使人盲目服从，而是成为引领学生认识自我、发现自我、开启自我意识的内在精神力量的时候，我们的教育就不再存有奴化人的痕迹，相反，学生将坚信"我作为我自身在那里，我必定能够自由"，并且由于教师权威的存在，会使得学生变得更加自由。[③]

二、雅斯贝尔斯教育思想的时代回应：回归本真教育

每当社会发展出现严重问题，把人类带进一个极难困境，不论是经济或金融危机造成的大量失业，政治专制引起的战争，文化冲突引发的种族灭绝，还是陌生病毒对人类生命的侵袭等，总需要我们对教育的本质和功能进行新的追问，这一追问的压力又必定引发对哲学和人本身的反思。于是，教育在一个新的起点上重新开始，一如哲学要随时代的变迁重新开始一样。雅斯贝尔斯就是这样一个生活于人类生存极难境地的思想家，他对其时代的教育、哲学、人等诸问题进行了本源式的思考，为我们今天重新探讨教育的本质储备了精神基因。[④]

雅斯贝尔斯从生存、自由与超越的存在主义哲学思想出发，对教育的本质、目的以及方式方法等问题进行了深入的思考，呼唤为功利所困的"失真"的教育回归到"本真"的教育。这是当代教育走出困境的必然选择，因为只有在本真教

---

①孔林：《论教育中权威存在的可能》，《四川教育学院学报》2007年第3期：第4—6页。

②[德]雅斯贝尔斯：《什么是教育》，邹进译，北京：生活·读书·新知三联书店，1991年版，第70页。

③徐广宇：《论现代大学的文化使命》，南开大学2009年博士学位论文，第149页。

④黄英杰、崔延强：《自我唤醒与教育救赎》，《教育学报》2012年第1期，第34—39页。

育的整体框架中，我们才能思考教育的深层内涵及其表现形式。

（一）雅斯贝尔斯教育的“人本化”追求[①]

在人的发展和价值越来越受到高度重视和关注的当下，“以人为本”正作为一种哲学理念和思维方式渗透到社会实践活动的方方面面。“以人为本”的核心在于充分重视人的主体性，尊重人的个性、创造性，使人能够积极主动地实现自我自由发展的目标，这恰恰同市场经济、知识经济和信息时代的发展相契合。市场经济关键在于培育人的主体性，知识经济要求最大限度地发挥人的智慧和创造力，“以人为本”正是顺应这一时代要求应运而生的。[②]

在21世纪初，党中央不失时机地提出了“以人为本”为核心的科学发展观。十六届三中全会通过的《中共中央关于完善社会主义市场经济体制若干问题的决定》指出，坚持以人为本，树立全面、协调、可持续的发展观，促进经济社会和人的全面发展。十七大报告中也明确指出，必须坚持以人为本。全心全意为人民服务是党的根本宗旨，党的一切奋斗和工作都是为了造福人民。要始终把实现好、维护好、发展好最广大人民的根本利益作为党和国家一切工作的出发点和落脚点，尊重人民主体地位，发挥人民首创精神，保障人民各项权益，走共同富裕道路，促进人的全面发展，做到发展为了人民、发展依靠人民、发展成果由人民共享。

那么什么是“以人为本”呢？“以人为本”具有三层基本含义：其一，是一种对人在社会发展中的主体作用与地位的肯定，既强调人在社会发展中的主体地位和目的地位，又强调人在社会发展中的主体作用；其二，是一种价值取向，即强调尊重人、理解人、关心人、培养人、塑造人；其三，是一种思维方式，意味着任何个人都应享有作为人的平等权利，对任何个人的权利都应该给予合理的尊重，也意味着对人以外的任何事物都应注入人性化的精神和理念，给予人性化的思考和关怀。[③]

---

①于光：《德育主体论》，东北师范大学2009年博士学位论文，第64—67页。

②刘卓红、钟明华：《开放德育论》，北京：人民出版社，2008年版，第87—88页。

③黄琳庆、徐国红：《浅论加强大学生思想政治教育应坚持以人为本》，《高教研究》2008年第1期，第46页。

“以人为本”的发展理念凸显了人的价值、主体地位、主体性、人文关怀，代表着时代、社会发展的新趋势。因此，获得了高度的社会认同和广泛的社会关注，并对社会生活中的政治、经济、文化，特别是教育产生了深刻和深远的影响。教育是教育者根据一定社会和受教育者的需要，遵循基本规律，采用言传、身教等有效手段，在受教育者自觉积极参与的互动中，通过内化和外化，使受教育者各方面素质得到全面发展的系统活动过程。教育要实现提升人的整体素质的使命，就必须坚持和贯彻“以人为本”的思维方式和理念，以人为中心，突出人的发展，挖掘人的潜能，重视人的主体地位，促进人的全面发展。教育要“以人为本”，具体而言就是要以学生为本。教育要“充分尊重学生的主体地位，充分发挥学生的自觉能动性和内在潜能，以学生的实际为教育的出发点，以学生的全面发展为教育的根本目的”①。因此，教育要“以人为本”，特别是要以学生为本，是教育适应新时期社会和人的发展的新趋势和新需要，是教育深化改革、提高实效、获得鲜活生命力的必然选择，是教育适应时代精神、走向人本化的必然追求与结果。

雅斯贝尔斯以别样的方式阐述了本真教育的“人本化”追求。雅斯贝尔斯指出，教育是“人对人的主体间的灵肉交流活动，包括知识内容的传授、生命内涵的领悟、意志行为的规范，并通过文化传递的功能，将文化遗产教给年轻一代，使他们自由地成长，并启迪其自由天性”。因此，“个人作为主体存在，就是一种自由的存在。这种自由不仅表现在他可以超越现实条件对他的束缚，通过改造现实条件来满足自己的愿望，而且表现在他可以超越本能对他的束缚，自由地选择自己的生存方式。正是自由，构成了人之所以为主体的根据，也构成了人的尊严和人格”②。自由对于作为主体——人的这种重要的价值和意义要求德育主体论必然要把自由作为自身发展的首要目的和价值追求。因为德育主体论要发展，就“必须更加关注我们生活得更充实和拥有更多的自由。扩展我们有理由珍视的那些自由，不仅能使我们的生活更加丰富和不受局限，而且能使我们成为更加社会化的人、实施我们自己的选择、与我们生活在其中的世界交往并影响它”③。所以，教育应该是教育者的引导性和指导性与受教育者的创造性和自主性的有机统一。在这种教育理念下，我们的教育在实践上和理论上乃是自由、独立的，是

①袁本新、王丽荣：《人本德育论》，北京：人民出版社2007年版，第21页。

②施惠玲：《制度理论研究论纲》，北京：北京师范大学出版社2003年版，第160页。

③[印]阿马蒂亚·森：《以自由看待发展》，任赜、于真译，北京：中国人民大学出版社，2002年版，第10页。

为了人的自由、独立的存在与发展而进行探究的事业。雅斯贝尔斯“教育本质”的生成性，既强调了教育的整体性和引导性，又强调了个体精神的独特性，强调了学生在“教育意义”引导下的自我超越和自我发展；既强调了教育的引导性和学生的接受性，同时又强调了学生的自主性和创造性。

（二）雅斯贝尔斯教育的“生活化”追求

“关注人，关注人的生活，是人类一切社会活动的根本目的和出发点。生产实践、科学实验、政治生活、文化艺术、体育、宗教以及教育等各种社会实践活动无不与人的生存、人的生活直接相关。人类实践活动的终极目的无不指向使人成为人，使人过人的生活，过更好的生活，使人的生命有价值，即实现人的生命价值。”①因此，关注人、人的现实生活，以及人的生活意义和生命价值，是人类社会的永恒主题，也是教育的出发点和归宿。

自20世纪70年代的“学会生存”到20世纪90年代的“学会关心”，再到21世纪的“学会共同生活”，是联合国教科文组织相继倡导的教育理念和思想。其中，“学会共同生活”被联合国教科文组织视为21世纪教育的四个支柱之一，并认为基础教育的根本目的是使学生获得“走向生活的通行证”，其重要意图在于让学生更好地理解他人与世界，学会互相理解、平等交流与和平共处，从而构建一个人与人、人与社会、人与自我和谐统一的世界。②

在此国际背景下，我国也提出并制定了教育要面向生活和回归生活的思想和政策。教育要适应社会发展所提出的生活化的目标，就要走向生活，回归生活世界，就必须把源于生活、服务于生活作为自己的基本宗旨和目标。生活指向的教育，其存在必须以日常生活作为前提。丰富多彩的现实生活为教育提供了鲜活的材料和不竭的发展动力。因此，教育只有植根于生活世界，才能具有深厚的基础和强大的生命力。走向生活的教育，就是要让教育主体拥有一个活生生的、开放的、具体的、流动的生活世界，关注个体的生命价值，注重引导受教育者自主建构生活体验，提升生活水平。教育回归生活世界的实质就在于，把教育的发展与

①郭元祥：《生活与教育》，武汉：华中师范大学出版社，2005年版，第1页。

②王攀峰：《走向生活世界的课堂教学》，北京：教育科学出版社，2007年版，第3页。

过程转变为一个自主的、实践的而非被动的、机械的过程，在于把受教育过程变成受教育者自身生活的一部分，使其自身内在生活不断得到提高和升华。教育应该把人引向人的生活世界，引导人去积极建构个人完整的生活经验，追求生活的完整性，在完整生活的构建过程中同时获得个体发展的完满，实现教育的目的。①

在今天强调科学理性和人文价值相统一的时代背景下，正如人的世界观由科学世界观转变为生活世界观一样，教育也必然由科学世界观提升为生活世界观。

生活世界观是从现实的社会实践出发，以丰富人的生命价值和生活意义为目的，以关注人的现实生活和现实的人为核心，从而实现人的物质生活和精神生活、日常生活和非日常生活相统一的一种世界观。教育的主体是人，教育的外延是人的生活世界。在生活世界观观照下的教育指向的是人与世界的融合、教育者与受教育者的辩证统一，它不仅包括教育主体对教育客体的能动反映，而且包含教育主体间即教育者和受教育者之间的对话与交流。转向生活世界观的教育，教育实践活动不能脱离教育主体的现实生活世界，不能排除在教育主体的现实生活之外。因为，一方面，任何教育实践活动都是关于人的生活的教育，人不可能从事生活之外的教育实践；另一方面，任何教育实践活动都是为了人的生活，指向人的生活，并以人的不断发展和实现更幸福的生活为目的。因此，轻视和脱离人的生活世界的教育只能是一种“病态教育”。要医治这种轻视和脱离人的生活世界的“病态教育”就要明确其产生的“病根”——科学世界观，并用生活世界观去扬弃它，唯有这样才能使教育健康地存在和发展。

（三）雅斯贝尔斯教育的“交往化”追求

交往是社会生活的开端，也是社会生活的基本内容。交往是人的基本的生存方式，这就意味着，在社会中，任何一个个体都不是单一、孤立、抽象的存在，而是在与周围的人及环境的相互作用中存在和发展的。“社会是人们交互作用的产物”，“一个人的发展取决于和他直接或间接进行交往的其他一切人的发展。”②交往在人们生活中的重要地位和作用，表明了任何人都不能脱离交往而生存，因

①刘卓红、钟明华：《开放德育论》，北京：人民出版社，2008年版，第78页。

②彭未名：《交往德育论》，太原：山西教育出版社，2005年版，第25页。

此，人与人之间只有交往质量的区别，并无有无交往之分。

当今世界，随着电子信息技术的广泛普及和应用，人类社会进入了以信息化为特征的网络社会。网络社会是一个普遍交往的社会，存在于网络社会的普遍交往掀开了人类交往史上新的一页。网络社会使以往的交往模式发生了深刻的变化，使得世界性普遍交往成为一种现实的可能，也使得交往成为现时代的一个主题，成为人和社会的普遍存在方式。“当代社会的本质是全球化交往的社会。”①

叶澜曾指出，人类起源于交往，并提出“交往起源说”，认为人类就是在交往中产生和发展的，且交往已具备了教育的基本要素，它与教育同构。②交往与教育的这种同构性的特征和特质，决定了教育作为任何时代、任何社会都不可或缺的一种特殊的社会实践活动，也必然要遵循和适合现代社会对交往的追寻和要求。因此，教育走向交往，是教育在交往时代做出的必然选择和理论自觉。

从本质上说，教育的“交往化”追求，是教育理念顺应时代发展的一次深刻的变革。正如彭未名所说，早在100多年前，马克思就指出，经济增长与人的思想观念演变在历史上是同步的，经济跃上新的高度，必然要引起和需要同传统观念决裂，创造新的观念、新行为规范，否则这种经济发展就会发生相应的倒退。事实上，教育理念的变革对整个社会的发展来说，是至关重要的。教育的“交往化”追求是在交往理性作用下的毫无强制的自由选择，它有利于教育自主性的体现和张扬；它有利于人类生活的进步和文明；它是应人及其交往而生的，也是与人及其交往俱进俱新的。③

①鲁洁：《当代德育基本理论探讨》，南京：江苏教育出版社，2003年版，第203页。

②叶澜：《新编教育学教程》，上海：华东师范大学出版社，1991年版，第32页。

③彭未名：《交往德育论》，太原：山西教育出版社，2005年版，第183页。

第二章

雅斯贝尔斯本真教育思想的渊源

卡尔·雅斯贝尔斯(Karl Jaspers,1883—1969),是20世纪德国著名的哲学家、精神病理学家和教育家。雅斯贝尔斯是存在主义哲学的主要代表人物之一,海德格尔称他为"德国存在主义的创立者"。人们通常倾向于把他看作当代西方存在主义思潮中与海德格尔、萨特并列的三位大师之一。

雅斯贝尔斯在当代哲学界有着独特的经历:他从未接受过学院式哲学训练,也未师从任何哲学导师,对于他来说哲学不是一个既定的专业,而是他精神发展的产物。虽然雅斯贝尔斯不是通过接受学校正规训练和教师指导而走上哲学道路的,但他却通过广泛阅读哲学著作与整个西方哲学的传统联系起来,加之对人的生存处境的深刻的忧患意识,创造出生存哲学,使自身的哲学思想彰显出独特性。正如萨尼尔所说:"哲学是他的全部个性。"①

雅斯贝尔斯一生著述丰富,出版30余本哲学方面的论著,主要有《普遍精神病理学》(1913年)、《世界观的心理学》(1919年)、《大学的观念》(1923年)、《时代的精神状况》(1931年)、《哲学》(三卷本,1933年)、《存在哲学》(1938年)、《罪责问题》(1946年)、《论欧洲精神》(1947年)、《真理论》(1947年)、《哲学信仰》(1948年)、《历史的起源与目标》(1949年)、《哲学导论》(1950年)、《我们时代的理性与非理性》(1950年)。此外,还有《哲学的世界历史》《理性与生存》等。

雅斯贝尔斯不仅是一位出色的哲学家,而且是一个真正的教育家,许多人认为他在教育方面的建树不比他在哲学领域的贡献逊色。雅斯贝尔斯一生的教育经验和阅历非常丰富,在长达48年的教学生涯中,不管是在教学还是教育管理工作中,他都表现出对教育的浓厚兴趣。虽然他的教育论述不多,但仅有的论述却透露出他的睿智与深刻。他有两本论述教育的著作:一本是《大学之理念》,另一本是《什么是教育》。

①[德]萨尼尔:《雅斯贝尔斯》,张继武、倪梁康译,北京:生活·读书·新知三联书店,1988年版,第244页。

1946 年出版的教育专著《大学之理念》是雅斯贝尔斯在 1923 年的同名文章的基础上应时增补而成，主要内容写于希特勒法西斯专政的晚期和第二次世界大战德国战败之际，当时的德国大学刚刚经历了最为深重的内外灾难的洗礼，在此背景下德国大学从兴盛走向困境，雅斯贝尔斯从哲学的视角透析高等教育的发展趋向和大学的培养目标。该著作闪烁的教育思想引起了教育学界尤其是高等教育研究者的持续关注。

1977 年出版的《什么是教育》是雅斯贝尔斯存在主义教育的代表作，影响广泛。该著作是由《大学之理念》中的一些主要章节以及他的其他散落在其哲学等著作中的有关教育论述（由 H.Horn 编辑）结集而成，全书共分为 19 章。在此著作中，雅斯贝尔斯系统地论述了教育的类型、意义和任务，教育的界限与必要性，教育与文化、语言传承之间的关系，大学的观念和任务等问题，进而从教育角度阐明了拯救人类的可能性与迫切性。从整体来看，精神、自由、交往、理性、存在等概念成为贯穿其教育思想的一条主线。

本章主要论述雅斯贝尔斯本真教育思想的渊源，为后面各章论述其本真教育思想提供了社会背景和理论基础。之所以从西方文明没落的社会现实、存在主义哲学思想以及雅斯贝尔斯的受教育经历与教育实践三个方面进行论述，是基于以下三个方面的原因。

首先，正如事情的发生、发展总是离不开一定的时空背景一样，具有社会属性的人的思想是特定时代的产物，一个人的思想必然受其所处的社会现实、历史渊源等因素的影响。恩格斯认为，任何哲学只不过是在思想上反映的时代内容。这对教育思想也同样适用。雅斯贝尔斯本真教育思想既是对当时教育的一种反思，也是对本世纪以来西方社会现实的反映。

其次，雅斯贝尔斯的教育思想既是其存在主义哲学思想的直接反映，也是其哲学思想在教育领域的具体应用。透过其教育思想可以看出，他自始至终把人类精神整体与个体存在的统一作为自己的教育追求，体现出浓厚的人文关怀。雅斯贝尔斯的教育思想基本上是从“生存、大全、自由、交往、历史、超越”等存在哲学概念出发，表达了他希望通过教育而达到人的生成的愿望。在他看来，教育活动的本质就是一种传承与自由交往的活动，而教育的目的就是使人成为自己。为了实现人的自由存在目的，他提出偏重传统但又结合现代的课程思想，并强调教师的爱心和研究在教育中的重要作用。

最后，教育家的教育思想必然与其受教育经历和教育实践有着千丝万缕的联系。一个人是何时接受教育的，是如何首次接触教育的，是在什么状况下思考教育的，又是怎样思考教育的，这些都对其教育思想的形成产生影响。

"研究某教育家必先研究他的教育经历和教育实践"，这种研究范式虽然看上去是一种老生常谈的做法，但是这对不同的教育家有着非同寻常的意义。因为对有些教育家来说，其教育思想与其受教育经历和教育实践的联系往往具有极其重要的甚至决定性意义。无可置疑，雅斯贝尔斯就属于这种情况。本章从雅斯贝尔斯的童年、求学时光以及教育实践活动中，选取对其教育思想有重要影响的经历，进行有所侧重的梳理和分析。

一、现代人的精神危机

正如马克思所言，一切观念的东西是当时人们的现实生活在头脑中的"有意识的表现"，"不管这种表现是真实的还是虚幻的"，"不是意识决定生活，而是生活决定意识"。[①]因此，整个当代西方人本主义思潮都是当代西方社会生活现实在人们思想上的一种反映，对雅斯贝尔斯的本真教育思想来说更是如此。

可以说，雅斯贝尔斯的本真教育思想中对人的关注，直接来源于其存在主义哲学。雅斯贝尔斯的存在主义哲学是当代西方社会生活现实的一种反映，他认为一切弊端集中表现为当代人无法解脱的、灾难深重的精神危机，这种情况从哲学上讲就是"存在"的丧失、"虚无"的威胁和生存意义的毁灭。正如他在《时代的精神状况》一书中所说："和那些黄金时代的人们相比，今天的人被连根拔起，他

①[德]马克思、[德]恩格斯：《马克思恩格斯选集(第一卷)》，中共中央马克思恩格斯列宁斯大林著作编译局编译，北京：人民出版社，1972年版，第30—31页。

们正意识到自己生活在一个被历史决定的、正在变迁的处境之中。存在的根基似乎已土崩瓦解。”[①]雅斯贝尔斯的《时代的精神状况》一书对现代人的精神危机的产生进行了全面的、历史的分析，在德国和欧洲产生了极其广泛而深刻的影响。

（一）现代人精神危机的表现

现代人的精神危机是西方传统观念和现代社会结构相结合的产物，是“大众秩序”的理性化和普遍化的必然结果。雅斯贝尔斯写道：

> “那为千百万人构造生存空间的东西的毁坏是必然的。作为一种旨在供应生活必需品的机构而出现的新世界，迫使每一件事、每一个人为它服务。这个世界无处不在。人似乎正在被吸收成为服务于某种目的的手段，成为丧失了目的和意义的存在。但是这还不够。它不给人们提供能给他们带来价值的东西。那些在过去的需求和提倡中被当作存在之毫无疑问的背景事物，如今正在消逝的过程中。在人们发展他们的生活时，他们似乎正在牺牲一种他们赖以在其中认识自己的自我的存在。”[②]

通过雅斯贝尔斯对现代人的精神状况的分析，我们可以发现雅斯贝尔斯所说的现代人的精神危机大致体现在如下几个方面。

1.西方社会世俗化对人的影响[③]

现代西方社会的发展，是一个逐步走向世俗化的过程。世俗化主要是针对现代宗教的重大变化来说的。这种变化的突出表现就是由出世转向入世。[④]在这里指的是社会和文化开始逐步摆脱宗教制度和宗教象征的控制，该过程是全方位展开的，即一方面，在客观上，教会从世俗领域撤出，现代西方人的现实存在不再受制于教会；另一方面，在主观上，宗教已逐步从文学、艺术、哲学中隐退，作为彻底世俗化的世界观而兴起，人们对世界、对生活的理解已可以不需要宗教的

---

①Karl Jaspers.*Man in the Modern Age*, trans.Eden and Cedar Paul, London: Routledge&Kegan Paul, Ltd., 1951, p.10.

②Karl Jaspers.*Man in the Modern Age*.London: George Routledge & Sons, Ltd., 1933, p.7.

③阳潭华：《精神家园的丧失与回归》，湖南师范大学2009年硕士学位论文，第16—25页。

④辛世俊：《人类精神之梦——宗教古今谈》，郑州：河南大学出版社，2001年版，第263页。

解释。除了雅斯贝尔斯之外，还可以举出像海德格尔、萨特、胡塞尔、舍勒、霍克海默、福柯、马尔库塞、哈贝马斯等这样一些著名的哲学家对世俗化的批判。为什么世俗化遭到了这么多人的强烈批判呢？如果说它是错误的，它又错在何处呢？试从雅斯贝尔斯的哲学视角出发探析一下世俗化对人的影响。

雅斯贝尔斯认为："人变为非同寻常机械装置的部件，展示于通过所谓测试来理解人。人们通过数字和数值检验各异的素质并对人分类，把他们根据这些数字和数值排列成组别、类型和等级。"[①]并提及"自由通过一部成文或不成文的宪法得到保障，不过没有绝对可靠的机器，会维护自由。因此，在自由状态中存在担忧，把本质之事、自由本身、人权、法治国家当作不可侵犯来保护，也防止暂时的多数……如果多数在一瞬间忘记其共同政治自由的根据，此类当局只能在与人民的政治伦理统一中保持可靠有效"[②]。可以看出，这种理想强调社会的进步取决于最大限度地发挥个人自由，无条件地保证个人的权利不受侵犯。罗素曾经指出自由的抽象定义是"不对人们实现欲望的过程设置任何外部的障碍"[③]。当然，他如此定义，"考虑说明尚存在着一种通到政治思考还不算圆满解释的必要因素"[④]。林和生就明确指出，"人性的解放和个性发展的另一方面，是欲望和能量的滥觞，是物欲的病态膨胀，是人性的分裂，是极端的个人主义——这既是伟大的条件，也是致使的隐患"[⑤]。这就说明，在资本主义市场经济的前提下，"隐患"将变成"显患"，社会将变成既无神性也缺乏人性的"物竞天择，适者生存"的"弱肉强食"的"铁血"世界、物质世界和物欲世界，个人主义和虚无主义将泛滥成灾，并在20世纪"大众消费社会"的形成中产生决定性的作用。

这种非自我觉醒的外在自由是不可能实现的，以纯粹"个人自由"为基础的法制理想可能会构成以"工具理性"为特征的"大众秩序"，社会中的个人被当成某种限定功能的机械物，社会则在整体上成为一架普遍有效和具有可操作性的庞

①[德]雅斯贝尔斯：《卡尔·雅斯贝斯文集》，朱更生译，西宁：青海人民出版，2003年版，第251页。

②[德]雅斯贝尔斯：《卡尔·雅斯贝斯文集》，朱更生译，西宁：青海人民出版，2003年版，第310—311页。

③④[英]罗素：《自由之路》，李国山译，北京：西苑出版社，2004年版，第96页。

⑤林和生：《悲壮的还乡》，成都：四川人民出版社，2005年版，第26页。

大机器,个人遭到冷落和压迫,随之自由和法制的理想也会崩溃。

“热心于数量上的庞大,热心于现代技术的发明物……狂热地崇拜名人的成就、财富和能力……”[①]雅斯贝尔斯如此描述着现代人,所以说,现代西方世俗化同样体现在经济社会理想上,它是通过古典经济理论建立起来的,即人类的幸福和自由依赖于财富的积累,这种经济上的功利主义无疑推动了资本主义工商业的发展。但人们会认识到把金钱和财富的追求当作其生存的主要目标,把一切道德准则置之度外,这股浪潮造成了精神和道德的空白。马克思曾指出,“思想、观念、意识的生产最初是直接与人们的物质活动,与人们的物质交往,与现实的语言交织在一起的”[②]。这种意识鼓动人们放弃努力工作、俭朴、知恩图报、婚姻神圣等传统道德,鼓吹不承担生活责任的自我放纵思想和蔑视权威。而“大众文化的堕落”则助长了整个社会道德标准普遍下降的趋势,人将成为金钱和财富的奴隶,人类的幸福王国所带来的将是丑恶、堕落和精神贫乏。随之而来的对古典经济学的批判则指出经济学的研究应该是人而不是物质财富。财富固然是人类生活所必不可少的,但不能成为社会生活的根本目标,它不可能为现代西方人的真正自由服务,反而会把现代西方人引向罪恶的深渊。

雅斯贝尔斯明显感到了危机:“诸种消费品成批地供应,成批地消费,留下的废料则被扔掉。它们能够方便地互换,一个品种与另一个品种之间有同等价值……由于供应愈益扩展着的普遍保证,倘若有什么东西在供应上竟然发生了问题,就会强化匮乏感和危机感。”[③]他认为现代西方人把科技和理性的社会价值抬到了至高无上的地位,这主要表现在科技在人类改造自然、征服自然方面的无穷威力上。但现代西方人却忽略了在盲目追求对自然的主宰时,大自然也在疯狂地惩罚人类,即使学者们在拼死呼吁,这些功利主义者们仍无视自然的报复,规划着他们的未来图景。在大自然一点一点被吞噬时,一幅幅生态失衡、环境污染的画面呈现在我们的眼前,也充分表明科学功利主义已把人和自然的对立发展

①Karl Jaspers.*Man in the Modern Age*.London:George Routledge & Sons,Ltd.,1933,p.49.

②[德]马克思、[德]恩格斯:《马克思恩格斯选集(第一卷)》,中共中央马克思恩格斯列宁斯大林著作编译局编译,北京:人民出版社,1995年版,第72页。

③[德]雅斯贝尔斯:《时代的精神状况》,王德峰译,上海:上海译文出版社,2005年版,第14页。

到前所未有的地步,对自然的破坏愈演愈烈,威胁着人们生存的自然家园。一方面,随着工业的发展,现代西方人受利益驱动大量开采,使很多非再生资源几近枯竭;另一方面,大工业又产生大量有害物质和气体,排放到自然界,进一步恶化了自然环境和生活环境。自然界是人类的家园,是人的"无机身体"(马克思语)。环境的恶化直接威胁着现代西方人的生存本身,这引起了现代西方人的强烈不满和反思。资产阶级把科学和理性变成了获得私利和殖民掠夺的工具,从而把西方社会和西方人类推向了更加片面化、极端化和畸形化的困境——现代西方人沦落为理性和机器的奴隶。科技本是为人造福的,理性本是人高于动物的本质特征之一。然而,社会历史和现实却使科技和理性走向了人的对立面,理性变成了纯粹的工具理性或科技理性,变成了部分人掠夺他人的御用工具;人道和人权也服从于工具理性,人从理性的主体和人道主义服务的中心对象沦落为工具理性和机器的奴隶。现代西方人的生存状态更加恶化。随着社会的发展,管理和生产高度机械化、科学化,社会生产和管理变成了更为庞大、严密和无情的机器体系,现代西方人成了这个庞大机器的一个部件,现代西方人的生活、消费、思想观念完全商业化了,并且为商业广告、大众传媒所左右,现代西方人失去了主体性、选择性,成为"单向度的人"(马尔库塞语),由工人和学生举行的游行示威时有发生,资本主义的社会矛盾和政治矛盾不断激化。西方人在尼采喊出"上帝死了"之后,又不得不感叹"人也死了",这使得现代西方人不得不用怀疑的眼光重新审视科技理性。

2.技术世界对人的挤压

科学技术的日益进步把社会的发展引入了一个令人尴尬的境地。科学技术在为社会创造了前所未有的现代物质财富的同时,又为其主体创造了前所未有的精神贫困。财富增多了,但主体却失落了;经济发展了,但价值却丧失了。科学技术作为一种文化形式预先封闭了人们对社会的不满情绪,阻碍人类自由个性的张扬,为现存缺席的合理性进行辩护。正如某学者所指出的那样:"人类在为技术方面取得的成就引以为荣之后,现在人类正在技术的重压下辗转呻吟。科学认识的突破和新的技术成就并没有开辟新的良好前景,而让现代西方人感到的是一种麻木不仁的富裕,它既蕴含着新的可能性,同时又蕴含着不断增长的危

①戴茂堂:《论社会发展的价值向度》,《学术交流》1995年第4期,第88—92页。

险性。”[①]马尔库塞也这样认为,“人们似乎是为商品而生活。小轿车、高清晰度的传真装置、错层式家庭住宅以及厨房设备成了人们生活的灵魂”[①]。

技术的目的在于把现代西方人从自然的动物性的禁锢下解放出来,从物质匮乏、威胁和奴役中解放出来。因此技术的原理是作用于物质和各种力量的目的的活动,以帮助人类自己决定自己的生活。[②]雅斯贝尔斯认为技术的意义还不止于此,技术还表现在制造工具的手段等方面。人区别于动物在于动物是无意识地被既定环境所束缚,而人则是在“无限超越”中创造自己的环境,这也是人性的体现。值得注意的是,雅斯贝尔斯所要强调的是,技术不仅使物质丰富,让人们免于匮乏,更重要的是技术还是一个“通过追求美及适当性等的创造形式,在自己的创造中发现自己”,“认识你自己”的过程。[③]究竟何为技术?雅斯贝尔斯将其定义为:“为了产生有用的物体和效果而利用物质和自然力的活动。只有一切有计划的能导致规则和机械重复的过程,才与我们所谓的技术相仿。因此,我们用这个词指人类关系的组织,人们坚持的制度以及肉体和精神的自我治疗。”[④]假如技术仅具有实现人类意图的意义,那么就必然会产生一种现象,即雅斯贝尔斯所说的现代技术的特征之一——“偏离”。“哪里工具和活动从中介功能中独立出来,哪里人类的最终意愿便会被忘却,手段本身便成为目的,成为‘绝对的’。”[⑤]当技术退化到仅仅是一种花枝招展的行为形式,那么技术对工作来说也就变得毫无意义,其对人类生活的掠夺使生活变得枯竭。精神是解决该问题不可缺少的手段,没有精神,人类只会沉沦到无意识或丧失意识的地步。雅斯贝尔斯对技术定义的澄明是为了更好地表达他对技术世界的客观评价。

1949年,雅斯贝尔斯应邀出席在日内瓦召开的“国际会晤”大会,他作了题为“新人道主义条件与可能”的学术报告。在报告中他系统地分析了“由技术、政治和西方共同精神之瓦解”所造成的现代西方人的困境。[⑥]他认为,近现代的科技

---

①[美]马尔库塞:《单向度的人》,刘继译,上海:上海译文出版社,2006年版,第10页。

②④[德]雅斯贝尔斯:《历史的起源与目标》,魏楚雄、俞新天译,北京:华夏出版社,1989年版,第116页。

③⑤[德]雅斯贝尔斯:《历史的起源与目标》,魏楚雄、俞新天译,北京:华夏出版社,1989年版,第117页。

⑥曹锦清:《现代西方人生哲学》,上海:学林出版社,1988年版,第147页。

和工业的发展带来了双重的后果。一方面，财富比以往增长了，“在一又三分之一世纪中，人口也增长了一倍多。如果没有技术的进步，这种前所未有的增长是不可能的”[①]。另一方面，技术也带来了一种不自然的、不同于手工业和农业以及古代充满人情味行业的劳动方式。技术世界的一个基本特征是，人每天不得不重复进行同一种单调的劳动。劳动的重复进行以至于达到这样的境地，即现代西方人成了机器的一个功能，可以像机器零件一样任意配换。“今天的人口所以能达到庞大的规模，全是由于这样一架各部件彼此相接而运转起来的巨大机器，每个工人都是其中的齿轮上的一个牙齿。”[②]该时代特征已经扩张到人类每一种活动里去，甚至娱乐的方式都带有这个特征。列斐伏尔的“日常生活批判”就着重戳穿日常生活的虚假性，撩开异化现实的面纱。“在日常生活中，虚假的意识形态直接把经济现实、政治上层建筑以及革命的种种可能性掩盖起来，并用大众传媒工具去扫除大众的独立思想和判断力。”[③]随着电视、报纸和网络的扩散，具有大众性的图像包围着人们的日常生活，不断地去安抚和左右电视机前的消费者。“在我们看来，人现在真正可以做到自我遗忘。”[④]也就是说，现代西方人丧失了自己，对于事情之无关于其个人，反而感到满意。我们正向着使一切都成为机器功能的道路前进。技术在改善人类物质生活的同时，使人类的发展片面化了。使消费领域相对富裕的巨大代价是现代西方人成了机器的部件。

由以上论述可知，现代技术的整个意义越来越成为一个大谜，而它的未来发展结果实在难预料。于是现代西方人陷入了技术世界的困境之中。一方面，现代西方人死守着技术所带来的好处不肯放弃，并且指望更多的技术带来更富足的物质生活；另一方面，现代西方人又陷于单调的、机械的无情运转之中，至多发出一阵无力的抗议。事实上，技术是不能不用的。雅斯贝尔斯认为，“在技术发明以前，世界曾经长期酣睡，是技术才把人民群众从世界的酣睡中残酷地唤醒过来。在将来，假如技术失败，就会产生前所未有的灾难。首先，将是大批的群众集体死亡，整个大地荒芜成为废墟。那么，唯一的出路是学会控制技术”[⑤]。问题在于在技术高度发达的世界中，如何重新发挥个别人的不可替代的东西的作用，如何

---

①Karl Jaspers.*Man in the Modern Age*，London：George Routledge & Sons，Ltd.，1933，p.34.

②[德]雅斯贝尔斯：《时代的精神状况》，王德峰译，上海：上海译文出版社，2005年版，第6页。

③欧阳谦：《人的主体性和人的解放》，济南：山东文艺出版社，1986年版，第12页。

④⑤曹锦清：《现代西方人生哲学》，上海：学林出版社，1988年版，第148页。

使现代西方人重新成为他们自己，而不是仅仅在日常职务的轨道上机械地奔驰呢？问题提出来了,新的方向也选定了,但达到这个目标的道路却不知在何方。

3.人被异化的悲剧

雅斯贝尔斯认为,现代西方人总是生活在自己的处境中的。尽管他们有时可以成为某一处境中的主人,但是这也并不能否认,他们在很大程度上仍是自己的一系列生活处境的产物。我们这里所讲的处境是指每一个现代西方人所共同遭遇的一般处境,而不是指某个人所处的特定处境。现代西方人在面临机遇、偶然、罪恶时感到世界的不可靠,个人尽管进行痛苦的奋斗,仍然陷于全面失败,经历衰老、疾病而死亡,现代西方人有感于资本主义世界的危机与没落,雅斯贝尔斯把这种个人无法逃脱也无法改变的境况称为"边缘境况"。为了深刻地揭露现代人的生存处境的本来面目,雅斯贝尔斯在《时代的精神状况》一书中进一步从现代社会的各个方面,包括技术、大众、劳动和教育等方面对现代人的生存(异化)处境进行了全面而广泛的剖析。

雅斯贝尔斯说:"人群本身并非个人,他们一无所知并且无所求,没有内涵,对迎合其普遍心理本能和热情而言是工具。人群可能容易思考,跌入单纯异样状态的陶醉中,跟从把他们引入地狱的煽动者。"[①]然而,精神的这种实证的满足中并没有个性的参与或个性的努力,它所增进的是日常工作的效率,使疲劳变得更加规则而成为一种工具,不再具有个体应有的特点和行为。技术时代下的现代西方人变得崇尚实证主义,人们在对知识追求的同时不再要求沉思意义,而是要求灵活的行动,不注重感情,而是强调客观性。

雅斯贝尔斯将现代西方人的生活视为机器统治的生活。他赞同"在现时代,人们是像沙粒一样被搅和在一起"[②]的说法。他认为,现代西方人已经成为一架机器的组成部分,不同的只是他们时而占据这个位置,时而占据那个位置。在仪器、装置和机器等的现代技术中,现代西方人与他的技术创造物之间的矛盾也更加明显地表现出来。一方面,现代西方人是一切技术活动的发起者和最终决策者。

①[德]雅斯贝尔斯:《卡尔·雅斯贝斯文集》,朱更生译,西宁:青海人民出版社,2003年版,第271页。

②[德]雅斯贝尔斯:《时代的精神状况》,王德峰译,上海:上海译文出版社,2005年版,第17页。

在复杂的技术系统中，现代西方人只要按一下按钮就可以结束正在运行着的机器。另一方面，正是技术过程的平稳运行要求人无条件地适应它，现代西方人的自发行为只能被看成一种妨碍。为了达到最高度的技术完善，现代西方人必须使自己服从他的创造物的要求，个体的自我不存在了，人们对事物和人的爱在逐渐减弱甚至丧失。机器跟前的工人只专注于直接的目标，无暇也无兴趣去思索他们的生活。现代西方人被拉到了物的水平上，除了有着一般有用性的物体以外，不具有真正的个性。人们变得越来越如马尔库塞所说的那样，“仅在他们的商品中认识自己”。在现代技术下的劳动过程中人类牺牲的是精神活动，潜在的劳动意义被人们渐渐忘却。

“自我的追求和主动的意愿以其最低的份量存在于工作的快乐中，没有这种快乐，个人最终就是瘫痪的。因此对于工作中的快乐的维持，就是技术世界中的根本问题之一。”[①]雅斯贝尔斯就此以医疗行业为例。[②]举例之前先假定医疗如同其他一切东西一样是被制造成的某种产品，病人在进入医院的时候就会按照一些标准被分类，从而被安置在这个或那个病房，这样医生与病人就失去了首次接触的机会。接下来是医生与病人同样的在技术所组织起来的“传送机”上开始他们各自的流程。雅斯贝尔斯认为这种工作不可能获得乐趣。他说：“劳动兴趣，不仅是使用肌肉或灵巧的功能兴趣，它取决于参与与创造我们环境的意识。劳动者在创造物之镜中会意识到其自身。其喜悦产生自一同生活于共同创造的实存形式中，对一持存者的建设中。”[③]

雅斯贝尔斯认为体育运动作为一种群众现象，是按照人人必须服从的方式组织起来的，并且依据一定的规则进行。从某种意义上讲，体育运动也为技术时代下的现代西方人提供了发泄的出路。雅斯贝尔斯是这样论述体育运动的：今天的体育运动与古希腊时期相比，“它并不同自然发生思想关系，不把自然当作一个有待揭开的谜；它终止了导致种种后果的孤独。对优胜欲望的实践，对最高

①[德]雅斯贝尔斯：《时代的精神状况》，王德峰译，上海：上海译文出版社，2005年版，第21页。
②[德]雅斯贝尔斯：《时代的精神状况》，王德峰译，上海：上海译文出版社，2005年版，第30页。
③[德]雅斯贝尔斯：《卡尔·雅斯贝斯文集》，朱更生译，西宁：青海人民出版社，2003年版，第247页。

技艺的要求、纪录的创造、名声与喝彩声的赢取成为体育运动的基本必需。"[①]在生活的机器无情地把现代西方人逐一消灭的时代里,现代西方人的身体正在通过体育运动来要求自己的权利。现代西方人起而反抗被束缚、被禁锢、被限制的状况,力图在体育运动中寻求解放,体育成为一种哲学,虽然它本身并无超越的内涵。显然,仅仅"通过体育运动是不能赢得人自身的自由、身体的健康、勇气的升华,也不能避免现代西方人在技术生活秩序中丧失自我的危险"[②]。也就是说,体育运动不能解决现代技术所引发的一系列问题。雅斯贝尔斯认为体育运动应是"自我保存的冲动,是作为一种生命力的形式而不应该作为一种群众现象,把现代西方人同机器一样组织起来,按程序来进行这项具有创造性、充满生命力的活动"[③]。

荷尔德林说:"人的无家可归感就是由于技术把人从大地分离开,分裂了人性,把神性逐出了人的心房,冷冰冰的金属环境取代了天、地、人、神四重结构的境界。"[④]从这里我们可以看出,物质技术文明的迅速扩展导致人之灵性的更新换代,物欲、功利、技术和实用把人引离故土,使人流落异乡,成为无家可归的游子。现代西方人通过百般努力所创构出来的东西,却是与现代西方人自身神性本质相异的东西。现代西方人的生存价值与物质技术文明相分裂,这也是人性的分裂,但这是一种新的普遍的历史性分裂。这种分裂意味着现代西方人之精神家园的全面失落,现代西方人的精神依据和生存根基荡然无存。

(二)现代人精神危机的根源

在《时代的精神状况》一书中,雅斯贝尔斯对现代人的精神危机的根源进行了全面的剖析。他认为,当代人的精神危机主要根源在于对当代生活现实具有决定性影响的两个密切相关的方面。一是近代以来西方文化观念的没落,二是现代人的现实生存处境,前者是历史根源,后者是现实根源。

近代西方文化观念的没落,现代西方人的现实生存处境,以及由此导致的现代西方人的精神危机,构成了雅斯贝尔斯本真教育思想产生的时代背景。接下

①[德]雅斯贝尔斯:《时代的精神状况》,王德峰译,上海:上海译文出版社,2005年版,第31—32页。
②[德]雅斯贝尔斯:《时代的精神状况》,王德峰译,上海:上海译文出版社,2005年版,第33页。
③[德]雅斯贝尔斯:《时代的精神状况》,王德峰译,上海:上海译文出版社,2005年版,第31页。
④林和生:《悲壮的还乡》,成都:四川人民出版社,2005年版,第31页。

来就围绕这两个方面揭示雅斯贝尔斯本真教育思想产生的时代背景，从而进一步阐明其本真教育思想是如何为适应时代的需要而提出来的。

1.历史根源——西方文化观念的没落[①]

近代西方的文化观念是西方社会在文艺复兴之后随着思想解放运动、自然科学革命、新教改革运动、技术发明和工业革命、资本主义工商业的兴起以及欧洲资产阶级革命的爆发等逐步建立起来的，在理论上表现为一系列关于政治、经济、法律、科学、宗教、技术、社会、自然等方面的理想。尽管这些理想所包含的种种观念早在古希腊罗马社会及欧洲中世纪社会就有渊源，但是无可怀疑的是，只是到近代在“世俗化运动”中它们才作为一整套独具近代自身特色的价值观念体系发展和完备起来。

我们时常把洛克、孟德斯鸠、伽利略、培根、爱尔维修、狄德罗和加尔文等人看作近代西方文化的主要体现者。可以说，如果单纯从观念的角度来看整个现代西方社会，就是一系列近代西方文化理想在自我发展和自我扬弃的过程中，逐步现实化为一个系统的社会结构体系和价值观念体系的结果。现在看来，这套文化理想的崩溃和没落早已是显而易见的事实。但事实上，在西方历史上对这套文化理想的批判早在 19 世纪中叶以前就已开始了，甚至可以追溯到 17 世纪的帕斯卡尔(Blaise Pascal，1623—1662)那里。正如雅斯贝尔斯所指出的，在近代从卢梭、歌德、席勒、谢林、克尔凯郭尔、马克思、斯宾格勒到尼采，无不对近代西方文化理想进行过深刻的批判。而在现代，可以说几乎每一个具有强烈时代感的当代人本主义哲学家都对近代西方文化进行过或多或少的批判。除了雅斯贝尔斯之外，我们还可以举出像海德格尔、萨特、胡塞尔、台勒尔、霍克海默、福柯、马尔库塞、哈贝马斯等这些著名的哲学家来。那么，为什么近代西方的文化理想受到了这么多人的强烈批判呢？如果说它是错误的，它又错在何处呢？为了搞清雅斯贝尔斯教育思想产生的历史背景，试图从若干方面来分析揭露近代西方文化理想的弊病，同时介绍包括雅斯贝尔斯本人在内的一些近现代西方学者对它的批判。

①方朝辉：《重建价值主体：卡尔·雅斯贝斯对近现代西方自由观的扬弃》，北京：中央广播电视大学出版社，1993 年版，第 27—37 页。

(1)近代西方的文化观念体现在其政治理想上

在一定程度上，近代西方的政治学说是在和封建专制制度与教会统治做斗争的过程中建立起来的。斯宾诺莎、洛克、卢梭、孟德斯鸠、密尔等近代西方政治理想的代表者有的反对“君权神授”，提倡“社会契约论”，有的主张“三权分立”和“多数原则”，其目的就是要废除少数人对社会的垄断，建立绝大多数人对社会的共同统治。这些政治学说在推翻封建专制统治的过程中所发挥的作用确实是不可估量的，但是这并不表明它自身就没有严重的问题。今天看来，它在理论上至少还有如下一些缺陷：

第一，按照多数原则要求个人使个人无条件地服从于由选举产生的国家政府的统治，但是由于选举本身不可能是真正平等的，只有那些具有雄厚的政治背景和其他背景的人才有可能被选上，因此这种选举必然导致一种新的少数人的统治。不管那些竞选者事先许下了什么诺言，但事实上他们从根本上是为自己所属的那个少数特权阶层的利益服务的。应该承认，西方资本主义政治中的民主对于封建专制制度来说是一个巨大的进步，克服了极权统治下的种种弊病，但是我们还应该认识到，政治从来就不过是一部分人对另一部分人的统治。正如，杜威所说的：“在任何时候存在的自由系统总是在那个时候存在的限制或控制系统。”①

第二，近代政治学说把一切国家统治建立在“多数原则”之上。也就是说，试图把政治的合理性建立在“大众”的基础上。但是，我们也要认识到，在资产阶级意识形态的统治之下，当大众尚处于不自觉状态之中时，通过大众的意见组成的国家机构也往往会把社会引向反面。我们不是不知道标榜“国家社会主义”的纳粹运动，在德国也是通过选举等途径战胜对方后上台的。但是，在它上台执政之前又有多少人清醒地认识到，它会最终在“民主”的旗号下实行那么惨无人道的极权统治呢？对于该问题，尼采、雅斯贝尔斯认为，在资本主义制度下大众的不自觉已是当代西方政治社会中最大的危险之一，它的存在表明那些打着“大众利益”的幌子所实行的许多统治实际上恰恰把大众的自由置于牢笼之中。雅斯贝尔

①[美]杜威：《人的问题》，傅统先、邱春译，上海：上海人民出版社，1965年版，第90页。

斯认为，由于大众常常只关心眼前利益而忽视长远利益，只关心局部利益而忽视整体利益；他们好冲动、缺乏忍耐力、易受影响；他们追求快活，渴望新的刺激，人云亦云、迎合时髦，故而往往使生活取代了“生存”，迷信取代了信仰，在平均化趋势中淹没了对个人自由的渴望。①正是这些固有的弱点使他们往往成了政治官僚们所利用的对象。伊赛西·伯林（Isaiah Berlin）则指出，在资本主义制度下，法律要求每个公民都参与政治事务，正是这个原因使得人与人之间的相互影响、相互干预大大加强。结果一旦大众的不自觉使这种相互影响具有消极性时，个人的自由也就很容易被摧毁。也就是说“人民的主权”很容易摧毁个人的主权。②尽管洛克等人一再强调个人有保留自己意见的自由，但是他们忘记了在多数意见占压倒优势的情况下，少数人再保持独立思考的清醒头脑也必然是不可能的，或者几乎办不到。

（2）近代西方的文化观念体现在其经济社会理想上

在理论上它是通过配第（William Petty，1623—1687）、亚当·斯密（Adam Smith，1723—1790）、大卫·李嘉图（David Riehardes，1772—1823）等人的古典政治经济学建立起来的。该经济学反映了近代人的这样一种经济理想，即人类全体的幸福和自由在根本上依赖于财富的积累，只有财富才能真正使人类的生活需要得到全面的满足，从而使每个人都过上幸福美好的生活。在近代，这种经济功利主义无疑极大地推动了资本主义工商业的发展。但是，我们也要认识到，当一个社会中人人都把金钱和财富的追求当作其生存的首要目标的时候，整个社会的道德水平就必然会急剧下降。当一个人成为金钱和财富的奴隶的时候，可以把一切道德准则置之度外，而尔虞我诈、唯利是图、卑鄙奸猾就再也不是什么良心的禁忌了。当一个社会到处物欲横流的时候，崇高的精神理想、高尚的人生信念、无私的献身精神也就必然会土崩瓦解。该经济理想带来的不是人人幸福的福利王国，而是丑恶和堕落，是精神的贫乏和无政府主义的混乱。

在西方古典经济学说史上，早有西斯蒙第（Sismondi，1773—1842）对这种经

①Karl Jaspers.*Man in the Modern Age*.London：George Routledge & Sons，Ltd.，1933，pp.41-44.

②Isaiah Berlin.*Four Essays on Liberty*.Oxford，New York，Toronto：Oxford University Press，1969，pp. 162-163.

济学说的猛烈批判。西斯蒙第指出，政治经济学的真正对象应该是人而不是物质财富，资本主义社会中所创造的大量财富并不能保证人的真正幸福，“比其他各国更文明、更自由、更强大的英国，只不过更早地达到了一种谬说所导致的目标而已”[①]。因此，马克思说：“西斯蒙第则表现了政治经济学对自身的怀疑。”[②]而在德国思想史上，康德认为人类社会的理想状态是一个人人为自己立法的“目的王国”，在这个王国中人们崇尚的是每一个人人格尊严的完整实现而不是物质财富的积累。黑格尔则认为，当人们听命于财富的奴役时，就将失去自主性，失去自己的本质，从而导致“绝对本质”的庸俗化。[③]雅斯贝尔斯进一步认为，“世俗化运动”中近代人对于财富这种有限物的追求必然导致“超验存在”的丧失，也就说对无限、永恒、无条件的事物的信念的失落。他还说，如果真的要实现一种永久和平的福利王国，那就要以消灭人性为前提。因为人的欲望是无止境的，如果既要满足人的物质财富欲望，又要避免人们因自己的欲望而爆发相互残杀和战争的话，那就只能强迫每个人按照同样的意志和方式来竞争，而这事实上是不可能的。正如马克思所说，资本主义社会中物质财富的积累所带来的只是少数剥削者过着骄奢淫逸、荒淫无耻的生活，“在这里对人的蔑视，既表现为对那足以维持成百人生活的东西的挥霍，也表现为这样一种卑鄙的幻想，即仿佛他的不知节制的挥霍和放纵无度的非生产性消费决定着别人的劳动，从而也决定着别人的生存”[④]。

由此可见，财富固然是人类生活所必不可少的，但是如果财富成为社会生活的根本目标，那就不可能真正为人的自由发展服务，反而会把人引向罪恶的深渊。

(3)近代西方的文化观念体现在其“公民自由”——法治社会的理想上

该观点强调，人类社会的繁荣和进步从根本上取决于每个人最大限度地发挥个人自由。因此，要无条件地保证最低限度不可侵犯的个人权利和自由。洛克、孟德斯鸠提出“天赋人权”，把个人自由放到至高无上的位置，密尔则论证了

①王亚南：《资产阶级古典政治经济学选辑》，北京：商务印书馆，1979年版，第635页。

②[德]马克思、[德]恩格斯：《马克思恩格斯选集(第十三卷)》，中共中央马克思恩格斯列宁斯大林著作编译局编译，北京：人民出版社，1962年版，第51页。

③[德]黑格尔：《精神现象学》(下卷)，贺麟、王玖兴译，北京：商务印书馆，1979年版，第97—99页。

④[德]马克思：《1844年经济学哲学手稿》，刘丕坤译，北京：人民出版社，1979年版，第95页。

个人在内心意见、个性选择、与他人联合等三个方面的自由应受到法律的无条件保护。[1]尼采对这种关于自由的观念进行了猛烈的批判。他指出，所谓“平等”“自由”“博爱”“人权”不过是一套骗人的鬼把戏，在这些原则中人不是按照他自身而是按照别人来思考，结果不仅埋葬了自己的本能，而且埋葬了自己的整个存在。[2]

事实上近代人关于“人权”和“自由”的一系列幻想在当时的条件下确实是进步的，但仔细分析起来我认为至少有如下几个方面的问题。

第一，所谓神圣不可侵犯的“个人自由”本来就是站不住脚的，因为我们找不到一个精确的标准来衡量它。密尔曾提出衡量个人自由的标准在于它不侵犯他人的利益。但是既然人不过是社会关系的产物，我们怎么能保证一个人的自由不影响别人的利益呢？不管这种影响是直接的还是间接的。一个异教徒可以说自己的行动是出于个人的自由而不妨害他人的利益，但在那些正统的基督徒看来则可能恰恰相反，他们会认为这种行为有伤风化，直接影响了他人的利益。在专制社会中，极权主义者向来都是以侵犯大多数人的利益为借口来镇压某些人的个人自由的。密尔本人也意识到了这方面的问题，所以他又提出了一个功利主义标准，企图用“最大多数人的最大幸福”这一原则来确立个人自由。但是他忽视了最大多数人的利益这一原则有时恰恰是和他所定的那三种个人自由准则（见前）相冲突的。比如说，当一个国家处于生死存亡的危急关头时，如果人们运用自己的“内心意见自由”而对救国救民的社会正义事业不加支持，这难道也是应该的吗？这说明在社会生活中人们并不是也不可能总是把自己的个人自由当作首要的东西来追求。个人自由并不是最神圣的东西，这一观点被伊赛亚·伯林一再强调。

第二，如果真正把个人自由当作最神圣的社会生活法则来实施的话，那必然会带来许多消极的后果。在现代西方社会中，这种现象尤其表现为，由于人们从内心失去了自觉，因而只全心全意关心运用自己的个人自由来为个人利益奔波，

---

①[英]密尔：《论自由》，许宝骙译，北京：商务印书馆，1959年版，第12—13页。

②F.Nietzsche.*The Will to Power*.London：Gegen Allen UnWin Ltd.，1924，p.227.

而越来越失去对社会的责任感，失去了为社会正义事业而斗争的热情。正因为如此，伊赛亚·柏林主张划分两种自由概念，一是积极的自由，二是消极的自由。消极的自由就是指近代学者所提出的那种外在的个人自由，而积极的自由则是指自我的觉醒，指人性的内在进步。[①]只有当一个人从内在精神上取得了巨大的进步，那种外在的个人自由才能找到基础。

第三，近代以来在西方社会建立在"个人自由"基础上的法治理想构成了一个以"工具合理性"为特征的"大众秩序"社会。在这个社会中，每个人都被当成完成某种限定功能的机械物，而社会则在整体上成为一架具有普遍有效性和简单的可操作性的庞大机器，个人遭到了不应有的冷落和压迫。所以，马尔库塞说，那些"工业革命开始和早期充满活力的权利和自由"，"正在失去它们传统的合理性和内容……这些权利和自由一旦制度化，就只能享受成为社会整合的一部分的命运"。[②]这些都表明近代以来的个人自由和法治理想已经崩溃了。

（4）近代西方的文化观念体现在人们对科学和技术的崇拜上

近代西方人的科学主义思想主要包括如下几个方面：

一是崇拜科学和技术人类改造自然、征服自然方面产生积极作用，把科学和技术的社会价值抬到了至高无上的地步。培根（Francis Bacon，1561—1626）就是提倡科学功利主义的早期代表人物之一。该思想的根本问题在于，当人类盲目追求对大自然的主宰时，大自然也在日益严厉地惩罚着人类。当下地球上的生态失衡、环境污染等现象充分表明，科学功利主义已经把人和自然世界的对立发展到了无以复加的地步。对此，海德格尔在《对技术的追问》一书当中作了深刻的剖析。

二是蕴含着从科学活动中总结出来的理性主义思想。按照这一思想，人们在从事活动时不应预设一种价值或真理，而应像在科学活动中那样把过程、程序、

①Isaiah Berlin.*Four Essays on Liberty*，Oxford，New York，Toronto：Oxford University Press，1969，pp. 121–134.

②Herbert Marcus.*One Mimensional Man*，London：Routledge & Kegen Paul Ltd.，1964，p.7.

操作方式的合理性当作衡量一切的根本尺度。马克思认为，韦伯所讲的那种现代经济、政治和社会领域中的“工具合理性”——又称为“形式合理性”或“目的合理性”——可以看作这种科学理性主义在社会生活中进一步发展的一个产物（不是说“工具合理性”只有这一个来源）。但是，正如他本人早就深刻认识到的，虽然“工具合理性”在一定范围内是积极有效的，但是它在现代社会中的普遍发展导致把人当成“工具理性”任加宰割和支配的工具，人成为它的奴隶而不是主人。

三是近代科学思想中所包含的科学世界观。近代的科学世界观把自然看作一个受客观必然性支配的客观实在，似乎一切自然过程和社会过程包括人的精神、思想、观念、性格、心理等过程都可以归结为原子、分子的运动。该思想在18世纪法国哲学家，如爱尔维修、拉美特利、狄得罗等人的唯物主义哲学中曾被发展到顶峰。18世纪法国唯物主义在批判有神论方面的伟大贡献是不可否认的，但是作为一种世界观，它至少忽视了把人的精神过程完全归诸客观的自然过程就等于取消了人的精神的超验价值，等于取消了人的本质。他们不知道，自然世界乃是人在其中确证自己的本质的必要对象，“只有当对象对人来说成为人的对象，或者说成为对象化了的人，人才不致在其中丧失自身”①。完全撇开人的精神需求来谈孤立的自然过程，是对人性的莫大嘲讽。在西方思想史上卢梭曾经对科学世界观大加批判，认为科学导致人性的腐坏。19世纪英国和德国的浪漫主义运动则在批判科学世界观的同时，提倡把自然世界看作人的意义世界，看作以实现人的灵性自由为最高目的的必要途径。②此外，我们还可以看到狄尔泰、柏格森等人的生命哲学对近代科学世界观进行了更透彻的批判。在近现代西方思想史上，我们发现几乎每一位具有现代意义的人本主义思想家都对近代科学主义思想进行了批判。

（5）近代西方的文化观念体现在其道德理想上

近代西方道德理想的重要特征之一，就是强调人在世俗生活中的感性快乐，并把这种快乐当作人身自由和幸福的最主要标志。文艺复兴运动虽然强调人的

①［德］马克思：《1844年经济学——哲学手稿》，刘丕坤译，北京：人民出版社，1979年版，第78页。

②［英］怀特海：《科学与近代世界》，何钦译，北京：商务印书馆，1989年版，第83页。

个性和尊严，但是与此同时也助长了一种非道德主义倾向，即追求那种放荡不羁的生活方式和私人欲望的满足，而中世纪那种循规蹈矩的道德家们则成了人们公开讥笑的对象。[①]18世纪的法国思想家卢梭、爱尔维修、狄德罗等人无不追求那种无拘无束，想干什么就干什么的情感生活。例如，狄德罗把情感当作人生一切快乐的源泉。尽管他也时常赞美美德和正义的力量，但是在他的内心深处，“最为关注的却是那强大的、激烈的，因而不顾善良和道德，一心要达到目的的情欲”[②]。同样，在英国，思想家休谟、边沁（Jeremy Bentham，1748—1832）、密尔都认为追求快乐是每个人生活的目的所在，边沁和密尔都在他们的著作中仔细考察了人的情欲的功能、作用和限度，分析快乐的价值及标准。虽然他们也十分重视善和美德，但是他们决不像柏拉图那样把善当作自在的目的来追求。事实上，他们认为善和美德只不过是服务于感性快乐这一目的的手段。对于这种道德观，康德曾在他的《道德形而上学原理》《实践理性批判》等一系列重要著作中作过尖锐的、针对性的批判。他认为，道德价值虽然并不排除感官的快乐，但是一旦把感性快乐当作首要目的来追求，就等于使人成为自己的有限本能的奴隶，从而引起人格尊严的丧失。真正的道德价值正因为以动机的无条件的善，而不是以功利目的为依据，所以才是永恒的价值。因此，我认为上述近代道德理想的根本问题是容易导致人的真正的信念的失落，导致精神的贫乏和崩溃。追求尘世的快乐本身并不坏，但一旦把它绝对化，当作人生的首要目标，必然会使社会走向混乱和堕落。在肉欲的单纯满足中人所得到的不是真实的自我，而是无聊、空虚和焦虑。

尼采和克尔凯郭尔都主张回到人的感性生活中来重新确立人。但是，事实上他们也坚决反对那种不诉诸对内在自我的反思的人的动物般的内体存在的价值。在克尔凯郭尔关于人生三个阶段的划分中，从审美阶段到伦理阶段和宗教阶段的过渡就证明了这一点。上述的近代道德理想和历史上及现代的一切自私自利的个人主义、无政府主义和非理性的破坏运动是息息相关的，其后果也是显而易见的，正因如此，它也使人们深感焦虑。

---

①［瑞］布克哈特：《意大利文艺复兴时期的文化》，何新译，北京：商务印书馆，1979年版，第421—446页。

②［法］勒费弗尔：《狄德罗的思想和著作》，张本译，北京：商务印书馆，1985年版，第163页。

(6)近代西方的文化观念体现在基督教道德理想上

在西方思想史上,基督教文化不仅源远流长而且根深蒂固。因此,在考察西方近代文化观念时就不能忽视它。那么,近代基督教文化道德理想究竟有什么问题呢?下面着重从新教改革运动来谈这一问题。

新教改革运动虽然要求人们从修道院式的道德生活中回到尘世社会来,也反对近代那种追求单纯感官快乐的道德观念,但是它所给予人们的精神自由仍然是非常有限的,比如,仍然把《圣经》上的每一句话当作至高无上的真理。路德(Martin Lutler,1483—1546)和加尔文(Jean Calvin,1509—1564)都极力强调人在上帝面前是极其渺小和彻底无能的,重视理性的作用,但由于这种理性只是在一定限度下才能有的理性,因而也不是建立在充分的自我意识基础上的。这样把宗教真理当成绝对真理的思想和历史上的基督教一样成了压制人性的工具,阻止人们对真实自我和内在生命的真切把握。克尔凯郭尔和尼采都从唯心主义立场,对包括新教在内的整个基督教文化进行了猛烈的批判,尤其是尼采的批判更加彻底。克尔凯郭尔着重从宗教法则的客观化与人的心理状态的矛盾关系来说明基督教对人的内在生活的压制,认为只有在"内在性"中才能找到基督教的真理;尼采则彻底否定基督教的价值,宣告"上帝死了",认为道德只有对群众(the herd)才有意义,而对于"超人"来说则如同垃圾。①

与以上几位思想家不同的是,费尔巴哈和马克思都从唯物主义立场揭露了基督教的本质。马克思指出,"费尔巴哈的重要贡献之一在于他把宗教世界归结于它的世俗基础"②。马克思又说,"路德战胜了信神的奴役制,只是因为他用信仰的奴役制代替了它,他破除了对权威的信仰,却恢复了信仰的权威。……他把肉体从锁链中解放出来,但又给人的心灵套上了锁链"③。"宗教把人的本质变成了幻想的现实性,因为人的本质没有真实的现实性。"④尽管尼采等人和马克思等站在两个完全不同的立场上,但是他们都共同揭示了基督教关于道德的一个根本

①F.Nietzsche.*The Will to Power*,London:Gegen Allen UnWin Ltd.,1924,p.237.

②[德]马克思、[德]恩格斯:《马克思恩格斯选集(第一卷)》,中共中央马克思恩格斯列宁斯大林著作编译局编译,北京:人民出版社,1962年版,第17页。

③[德]马克思、[德]恩格斯:《马克思恩格斯选集(第一卷)》,中共中央马克思恩格斯列宁斯大林著作编译局编译,北京:人民出版社,1962年版,第9页。

④[德]马克思、[德]恩格斯:《马克思恩格斯选集(第一卷)》,中共中央马克思恩格斯列宁斯大林著作编译局编译,北京:人民出版社,1962年版,第1页。

问题，即对人性的压抑。雅斯贝尔斯对此总结道："如果上帝总是在我们眼前庄严地显示它的智慧，如果它是一个绝对的权威毫不含糊地向世界授话的话，我们就将成为它的意志的木偶。"①

以上从六个方面详细分析了"世俗化运动"中近代西方文化观念所存在的根本问题。从西方思想家的大量观点中可以发现，近代西方文化理想正处在没落之中。对此，雅斯贝尔斯也有深刻的认识。在《这个时代的人》一书中，雅斯贝斯指出，纵观数千年来西方社会发展的历史，可以发现它的文化传统建立在这样三个"伟大原则"之上。②

其一，"理性主义"。理性主义是完全屈从于逻辑思想和遍布我们周围的经验现实的产物，其功能就是衡量和检验经验的质料并达到对它的技术上的主宰。理性主义不仅表现在普遍有效的科学研究中，表现在归功于罗马法律制度的法治系统中，还表现在商业经济活动及由此推广所及的一切活动中的精细计算中。该理性主义在黑格尔的逻辑学中被发展到顶峰。

其二，"自我的主体性"(subjectivity of selfhood)。自我的主体性明显存在于犹太预言家们的说教、古希腊哲学家们的智慧以及古罗马政治家们的活动中。近代以来人们的个体性观念正是从中发展出来的。

其三，"世界是时间中的可感现实"的信念。在古希腊人关于世界本原的探讨中，在伊壁鸠鲁以来的唯物主义甚至唯心主义哲学中都可以看到该种世界观的萌芽。但是，在近代随着自然科学的发展，该世界观念才正式完备起来。

雅斯贝斯指出，在西方尽管这三个原则源远流长，但是只是到了近代才完整地体现出来并在相互结合中构成了整个近代西方文化理想的观念基础。在前面所论述的现代人精神危机的历史根源——近代西方文化观念的没落的六个方面，鲜明地体现了这三个"伟大原则"。雅斯贝尔斯认为，该观念的迅猛发展带来

①Karl Jaspers.*Way to Wisdom*, Connecticut: Yale Univesity Press, 1954, p.46.

②Karl Jaspers.*Man in the Modern Age*, London: George Routledge & Sons, Ltd., 1933, p.30.

了今天世界上人的精神沦落(the despiritualisation of the world)。也就是说,它们是现代人的精神危机的历史根源。

2.现实根源——现代人的现实生存处境[①]

如果说近代西方文化观念的没落是现代人精神危机的历史根源，那么现代人的生存处境就是现代人精神危机的现实根源。正如马克思所说,一个时代、一个社会的根本弊病不能单纯从观念的历史中去寻找，而应当从当时人们身处其中的现实生活处境,包括政治、经济、法律、宗教、制度等出发来寻找。雅斯贝尔斯也认为,人总是生活在自己的处境(situation)中,有时可以成为某一处境中的主人，但是也不能否认在很大程度上仍是自己的一系列生活处境的产物。现代人的精神危机生动地体现在他们的现实生活处境之中。因此，只有弄清了这种处境是如何导致现代人的精神危机,才能克服它、超越它,使自己成为处境的主人而不是奴隶。这里所研究的主体是“现代人”,因此所说的处境就不是指某个人所有的特定处境,而是指每一个现代人所共同遭遇的一般处境(situation in general)。应该如何来看待现代人的生存处境呢?雅斯贝尔斯认为,现代人的生存处境可概括为以下三个方面的内容。

(1)现代人依赖的经济、政治和社会现实

从这一角度来说，现代人生存处境的特点就是:“个体被限制在一个特定的环境中，并因而不可能在同等程度上成为一切环境中的参与者。而关于人如何在一切社会处境中从事活动的知识要素并不适用于人的发展。”[②]雅斯贝尔斯指出,今天的人们看起来似乎比过去在环境中有了多得多的主动性,其实不然,因为社会中的自由仍然是为少数人开放的。不仅如此，过去所遗留下来的问题在今天似乎更加严重了。“今天所有我们这些人所共同看到的不是作为一种到处普遍存在的群体精神的人性，而是流行口号的世界主义化，这些口号是和全世界交通工具的蔓延及一些娱乐活动的普遍发展结合在一起的。”[③]

①方朝辉:《重建价值主体:卡尔·雅斯贝斯对近现代西方自由观的扬弃》,北京:中央广播电视大学出版社,1993年版,第37—45页。

②Karl Jaspers.*Man in the Modern Age*, London: George Routledge & Sons, Ltd., 1933, p.29.

③Karl Jaspers.*Man in the Modern Age*, London: George Routledge & Sons, Ltd., 1933, p.30.

(2)现代人通过历史积累与今天的认知活动已掌握的知识构成领域

从这一角度来说,现代人确实已经掌握了大量的自然科学、工程技术乃至政治学、经济学、法学、文化学、人类学等方面的知识。这些知识不仅在数量上是人类空前未有的,而且还在急剧地膨胀着。雅斯贝尔斯认为,从客观的角度说,人们对客观事物的要求仍未达到极限;从主观的角度说,人们的意志和欲望也仍未满足。可是,这些知识给我们带来了些什么呢?人们对那些有真实价值的知识并没有自发的兴趣,所追求的知识似乎在给人们塑造一种同一化的处境,这种处境从理论上讲应当使人与人的相互交往变得可以理解,并以同一种方式决定着每一个人的具体处境。但是,“这种同一由于我们在对知识的欲望方面彼此不同而变得不可能了”①。

(3)现代社会中人与人相互遭遇的处境

雅斯贝尔斯说:“从一个人与另一个人的相互关系上来看,并不存在一般的处境,而只有彼此相遇的人们的绝对的历史性,他们之间才有接触的亲密性、人格联系上的相互忠诚和不可替代。”②这种人与人之间的处境才是真正的和理想的。然而,无可争议的是,在今天这个特定的时代并不存在这样一种为所有人而存在的和谐处境。与过去相比,也许我们今天的处境更加糟糕。因为在今天,“我的位置似乎被同等的事物所决定,我所在的不过是这个位置上的一种功能。实存是整合性的,我自己不过是一种装饰品,或者是一种产物,或者链条中的一环。我的本质就是作为一个整体的历史时代和社会环境”③。

为了更深刻地揭露现代人生存处境的本来面目,在《这个时代的人》一书中,雅斯贝尔斯进一步从现代社会生活的各个方面,包括技术、机构、大众、劳动、文艺及意识形态等方面对现代人的生存处境进行了全面而广泛的剖析。以下从六个方面来具体介绍雅斯贝尔斯对现代人的生存处境的批判。

(1)技术进步带来的问题

雅斯贝尔斯认为,自从19世纪西方工业革命以来,人们在疯狂地崇拜科学

①②Karl Jaspers.*Man in the Modern Age*, London: George Routledge & Sons, Ltd., 1933, p.30.

③Karl Jaspers.*Man in the Modern Age*, London: George Routledge & Sons, Ltd., 1933, p.31.

技术，认为它们是谋取人类自由的根本途径，在政治经济学把物质财富的积累当作谋取人类福利的现实出路的思想指导下，资本主义工商业获得了巨大发展。这种发展给人类带来的好处是显而易见的，与此同时，经济发展和技术进步一开始就缺乏正确的引导，由此也暴露出越来越严重的问题。雅斯贝尔斯指出，随着物质产品的极大丰富，人的欲望在猛烈膨胀。对于所生产的产品人们并不真正关心其个别特性，不把它们当作自己心血的结晶来加以爱护和珍惜，而是只把它们当作满足自己需要的单纯物来随意地使用、糟蹋和浪费。事实上，人类所生产的产品构成了人类生活世界的一个重要部分，不仅满足了人们的某些物质需要，而且更重要的是，从心理、观念和精神等各种不同的层次深刻地影响着人类的生存方式，不自觉地构造着人类的精神生活。仅仅把物质产品看作人需要的满足的思想，使得消费品的大幅度增长未能带来人性的同步发展。相反，在实证主义思想的指导下，人们在商品的生产活动中并不去关心人存在的意义和感受，不去关心生产给人的精神状态带来的多方面影响，而是盲目地追求知识的客观有效性，追求生产程序的简单性、有效性和统一性，认为一切都必须服务于最终产值这个最高目标。在生产中个人被卷入这一庞大的社会功能系统中，每个人都必须严格按照系统整体运行的规则去操作，仿佛变成了一种机械的肉体存在。昔日对于私生活的追求，对于新鲜美好生活的向往早已在忘我的生产过程中化为泡影。正如弗罗姆所说："人类虽然通过科学技术的力量征服了大自然，但却不能自己控制这些力量……这个由自己双手所建造起来的世界却已不由我们自己主宰了。"①

（2）社会机构的统治

马克斯·韦伯认为，现代社会是按照"工具合理性"被设计和治理的，"工具合理性"行动是基于目的的合理性。这是指对达成目的的可利用的手段的估价，在此基础上去追求一个限定的目的并设法预测其可能的后果。②由于现代社会强调形式的合理性及手段的合理性，而不注重人的内在修养的培养，把每个人都当成了完成既定目标的工具，因而逐渐使现代社会演化为一个庞大的官僚

①[德]弗罗姆:《逃避自由》，陈学明译，北京:工人出版社，1987 年版，第 78—79 页。
②苏国勋:《理性化及其限制》，上海:上海人民出版社，1988 年版，第 82 页。

机构。雅斯贝尔斯把这种官僚机构社会称为“大众秩序”(the Masses order)社会。他指出,“大众秩序”下的人大致有两种类型:一方面是那些无辜的工人,他们被迫去做那些无意义、单调重复的工作,在这种工作中他们无法建立起对生产的热情和兴趣,更不能使自身的人格得到健全的发展。对于整个庞大的社会系统来说,每个人都像一粒沙子一样无足轻重,可有可无,个人对自身的愿望和信念早就难以保持下去。抗议是毫无用处的,任何一个具有青春热情和活力、具有远大的理想和抱负的人,都可能最终由于社会机构对人的磨炼而变得失去全部的锐气,变得世故、顺从,没有激情或者玩世不恭。另一方面,雅斯贝尔斯认为,这样的社会也培养出一批失去人格的人,他们特别懂得如何压制自己的个性,特别懂得迎合那些头头们的心理。在他们的内心深处,他们深知满腔的献身激情和社会正义感在这个社会中是不可能得到采纳的,“随着生活一天天地持续下去,在完成自己的任务之外唯一能激起他们欲望的东西就是在社会机构中获取一个显著的位置”①。而一旦他们的目的得以实现,他们又会变本加厉地去压制其他人。因为他们的人生哲学使他们认识到只有消灭自己的个性,做一个圆滑世故、唯利是图的人才是赢得他们的“自我”的唯一途径。这种现象在政治活动中更是司空见惯。雅斯贝尔斯说,那些政治活动家们没有多少人在真正为大众的利益而奔波,他们真正感兴趣的是如何有效地哗众取宠,笼络人心。他们与周围的人之间难以建立起一种真正的友谊,而是彼此相互利用。为了讨好大众,他们常常在一些鸡毛蒜皮的小事上大做文章。②

(3)大众的软弱无能

雅斯贝尔斯认为,在现代社会中“大众”这个本来极其抽象的概念正在发挥着前所未有的对每个人的支配作用。这是因为现代社会的发展使人与人之间的相互接触和相互影响空前加强的缘故。“今天这种不可避免的大众影响,随着现代经济社会的复杂结合而被强化。大众原则影响着个人的活动和习惯,个人不得不去完成一种在某种程度上被看作对大众有用的功能……大众是我们的主人。对每一个从眼前的事实出发的人来说,他的存在都依赖于大众,因此大众的

①Karl Jaspers.*Man in the Modern Age*,London:George Routledge & Sons,Ltd.,1933,p.52.

②Karl Jaspers.*Man in the Modern Age*,London:George Routledge & Sons,Ltd.,1933,pp.100-101.

思想必然控制他的行为、爱好和职责。”[①]本来大众是由个人集合而成的，没有个人就没有大众，然而如今“大众”却构成了对每一个人的深刻控制。这究竟是什么原因造成的呢？雅斯贝尔斯认为，原因在于现代社会的政治、经济、文化、科学的发展逐渐使得绝大多数人沦落为没有自我意识、没有人格独立性的存在物。大众追求一种抽象的平等，结果在这种追求中他们失去了对个人“生存”的渴望，他们并不知道他们所追求的平等在“工具合理性”社会里是不能给人带来自由的。大众把一些抽象的原则如“博爱”“爱邻人如爱你自己”等当作永恒的信条来崇拜，结果在这些信条面前每个人都不敢公开自己心中的秘密，每个人都不敢把自己的内在自我拿出来作公开的讨论。大众崇尚荣誉的价值，盲目地沉浸在追求荣誉的活动中，虽然知道荣誉给人带来的只是一时的快慰，但由于荣誉活动日益走向表面化、形式化，因而荣誉越来越成为一种虚假的现实。大众不知道什么是自由，他们宁愿承认自己已经是自由的了。他们更不知道自己作为一个普通公民所应承担的责任，不知道如何利用手中现有的权力来为正义辩护。相反，他们宁愿或由于一时的冲动，或由于满足眼前的个人利益而把自己手中的权力拱手交给某些野心勃勃的政客们。总之，雅斯贝尔斯认为大众正处于这样一种高度的不自觉状态。一方面，他们对于自己生活中所遇到的烦恼牢骚满腹，怨声载道；另一方面，他们不但不去积极地为改变这些普遍的现实而斗争，相反，一旦由于某种偶然的原因使得他们早就向往的某种个人的利益得到了满足，他们就会沾沾自喜，忘乎所以，仿佛这个世界上的丑恶和黑暗已经变得与他们毫无关系了似的。大众之中并非没有人愿意反抗自己被动的现实，然而在反抗中他们常常要么以游戏的方式，要么以个人奋斗的方式，陷入非理性的个人意志(self-will)之中。因此，他们不但不能从被控制的现实中摆脱出来，反而在其中陷得更深。

雅斯贝尔斯对大众的批判与克尔凯郭尔、尼采的思想有一定的类似之处。克尔凯郭尔把群众和真正的人(“that individual”)对立起来，尼采则认为群众只适合于群众道德而不适合于“超人道德”，“超人”对群众来说是一个不可企及的梦想。[②]雅斯贝尔斯和他们俩一样都充分认识到群众缺乏自我意识和独立人格的特

①Karl Jaspers.*Man in the Modern Age*, London: George Routledge & Sons, Ltd., 1933, p.43.

②F·Nietzsche.*The Will to Power*, London: Gegen Allen UnWin Ltd., 1924, p.237.

征，但差异在于雅斯贝尔斯从不像克尔凯郭尔和尼采那样认为群众是无可救药的。雅斯贝尔斯认为，在现代社会机构中，大众需要新的个人领导，如果这些领导者能说服大众什么是他们真正需要的东西并真正作为他们的代表来发挥作用，大众完全可以觉醒过来并把现代社会引向光明的方向。[①]显然，雅斯贝尔斯反对把个人和大众截然对立起来。

（4）工作乐趣的丧失

在现代社会中对自己的本职工作丧失兴趣，已成为一种极为普遍的现象。雅斯贝尔斯从各种不同的角度分析了造成这种现象的原因。他认为，造成这种现象的一个首要原因是现代社会不把人当人看待，把每个人都当成用来完成某个固定职能的机械存在。人们在选择职业之前往往对自己从事某项职业充满幻想，但是一旦他们踏上工作岗位就会发现来自环境的压力是无可抗拒的。老老实实放弃一切创造性的思想，把自己当成一个"应声虫"才是唯一的选择。在一切现实工作岗位上，那种生动活泼、自由自在、全面地创造生活和享受生活的人生理想似乎早已成为可望而不可即的幻想。雅斯贝尔斯认为，现代社会盛行一种功利主义的衡量标准，即对任何人的工作价值都通过外在的客观成就来衡量。然而，事实上对于一个从事创造性活动的人来说，他们的工作价值是无法用任何外部标准来衡量的。例如，物理学家、牧师、医生、哲学家等，他们的研究活动本来就是充分展示个性和追求精神境界的活动，其价值大小是不可能完全符合任何一种眼前的社会标准的。如果把他们纳入一套理性化的社会结构之中，强迫他们按照工作成就和效果的大小来编排、组合并使之发挥特定的职能，他们的工作将不会再富于创造性和充满活力。按照弗罗姆的观点，现代生产方式下人的工作乐趣的丧失意味着一种积极的自由即人性尊严和个人力量的丧失。[②]

（5）文化事业的畸形发展

雅斯贝尔斯认为，在现代社会中对经济和技术力量的崇拜占压倒性优势的情况下，文化事业正在日益畸形发展。主要体现在各门具体学科都受经验自然

---

①Karl Jaspers.*Man in the Modern Age*, London: George Routledge & Sons, Ltd., 1933, p.56.

②[德]弗罗姆：《逃避自由》，陈学明译，北京：工人出版社，1987年版，第79—81页。

科学思维方式的支配，把人的精神活动当作技术化的过程来研究，越来越少的人意识到人文主义精神在社会生活和历史发展中的极端重要性。他认为，人们认识不到只有在人的精神获得蓬勃发展的情况下，一切技术、经济、政治活动才能获得真正的意义，才能被引向人的生存自由的方向。相反，片面地追求技术进步和经济增长，不但不能为人性的发展提供一片开阔的天地，反而使得人在物欲的统治下日益堕落下去，助长了社会道德水准的下降。雅斯贝尔斯盛赞古代西方人文主义教育的伟大传统和意义。[①]他认为，这种人文主义精神在现代社会的失落，导致科学日益成为经验知识的单纯积累，成为仅仅服务于某些功利目的的手段，使人们日益成为狭隘的专业工作者，不懂得把科学当作一种完成寻找自己真实存在的事业。艺术(包括建筑、音乐、戏剧、电视、电影等)日益成为一些纯粹消遣性的活动，盲目沉浸在对形式的精巧、花样的翻新、情节的离奇、外观的怪诞等的追求之上，而无实质性的突破。这种艺术早已失去了古希腊及中古时期艺术那种神圣性和严肃性。雅斯贝尔斯认为，艺术的真正使命不在于满足大众一时的好奇心和娱乐目的，而在于通过它使人认识到真正的自我，使人们通过艺术倾听到“超验存在”的声音。然而，今天的艺术工作者又有几人意识到这种神圣的责任呢？在社会科学中也可以看到这种类似的现象。例如，历史科学沉湎于搜集大量的历史资料，为某些细枝末节的问题穷加考证。他们没有意识到，历史科学的根本目的在于使人们通过对历史的吸收而使人性进入一个精神领域，在这个精神领域中“我”能通过回到本源状态而成为我自己。同样，哲学也正停留在某些传统的说教中，放弃了它的真正使命，无法为人们寻找真正的自我提供有效的信念。

(6)意识形态的教条化

雅斯贝尔斯认为，现代社会中意识形态的主要特点是把“大众秩序”的有效性绝对化，并想方设法地从功利主义立场来为自己辩护。例如，人的基本需要的满足是每一个人的首要目标，同时也是社会和国家应当完成的根本任务。这种意识形态一面声称国家应当把“最大多数人的最大幸福”当作根本目的来完成，另一面又要求每个人为实现这一目标而把自己当作手段置于抽象的国家整体的

---

①Karl Jaspers.*Man in the Modern Age*, London: George Routledge & Sons, Ltd., 1933, pp.116–117.

统治之下。[1]在雅斯贝尔斯看来，这种意识形态根本不了解现代人正处在什么样的境况之中，不了解什么是真正的人性，不懂得人的自由的真正内容是什么。它缺乏一种开放的、多元化的视野和自我更新的气度，反而要求每一个人把自己的心灵、思想和肉体等全部看作依附于这个抽象整体的东西，这样只能进一步强化社会机构对人的根深蒂固的统治。

在《1844年经济学哲学手稿》中，马克思这样写道："工业的历史和工业的已经产生的对象性的存在，是人的本质力量打开了的书本，是感性地摆在我们面前的人的心理学，迄今人们从来没有联系着人的本质，而总是仅仅从表面的有用性的角度，来理解这部心理学……"[2]"丰富的人同时也是需要人的十分完满的生命表现的人，是他自身的实现在自己身上表现为内在的必然性即需要的人。"[3]

马克思的伟大论断对正确认识现代人的生存处境有着深刻的启迪意义。马克思的分析不仅适用他那个时代的工业现实，同样适应于对当代西方社会现实的整体认识。马克思表达了这样一个真理，即当一个社会的现实状况不能积极展示人的本质，不是用来创造丰富的和全面的人，用来实现人的生命的完满表现的时候，就必然会走向堕落和腐朽。现代西方社会是被按照"工具合理性"这一原则设计的，正因为如此它处处都体现出马克思所说的"有用性"这一特征（前面所讲的现代人的生存处境的六个方面正是体现了这种"有用性"），这就必然会导致现代人的生存处境和人的全面自由发展相对立。

（三）如何走出精神危机的思考[4]

雅斯贝尔斯把拯救现代人的精神危机当作自己整个"生存哲学"的根本使命。在他看来，该使命所要拯救的不仅仅是现代人的精神危机，同时也意味着拯

①Karl Jaspers. *Man in the Modern Age*, London: George Routledge & Sons, Ltd., 1933, p.73.

②[德]马克思：《1844年经济学哲学手稿》，刘丕坤译，北京：人民出版社，1979年版，第80页。

③[德]马克思：《1844年经济学哲学手稿》，刘丕坤译，北京：人民出版社，1979年版，第82页。

④方朝辉：《重建价值主体：卡尔·雅斯贝斯对近现代西方自由观的扬弃》，北京：中央广播电视大学出版社，1993年版，第47—50页。

救整个西方文化的根本危机。因为现代人的精神危机是现代西方社会一切危机的集中体现。综观雅斯贝尔斯的整个哲学体系，不难发现他企图拯救现代人的精神危机,并主要从以下两个方面进行了思考。

一方面,要重新认识人,特别是认识什么是人的真正自由。因为在雅斯贝尔斯看来，现代人的一切精神危机都与其在思想和观念上对人的错误理解有关。应当说该看法不是毫无根据的。虽然近代西方思想也一再提倡把人当作目的而不是手段来对待。例如,密尔曾声称:“在人的工作当中,在人类正当地使用其生命纵求其完善化和美化的工作当中,居于第一重要地位的无疑是人本身。”[①]他提倡实现最大多数人的最大幸福。但是由于把人的自由单纯归结为某种外部的客观现实或超越的客观必然性，使人在外部现实和内部生活中丧失了自我。现代西方社会中几乎没有哪个思想家或政治家不主张把实现绝大多数人的幸福看作人类生活根本目标的。然而,在“大众秩序”的理性化和普遍化发展中,人再次沦落为没有自由可言的机械物。这些都与他们对人尤其是对人性自由的错误理解有深刻的关系。雅斯贝尔斯指出，现代社会中所发展起来的各门关于人的科学,如心理学、人类学、社会学等,把人当作经验的客体来对待,用经验的因果法则对之加以归纳和描述,错误地以为人的本质可以用认知的手段来把握。[②]这进一步加深了对人的误解。

在雅斯贝尔斯看来,在西方思想史上,谢林和克尔凯郭尔是最先正确认识人的两位先驱。特别是克尔凯郭尔，从人的内在性角度来把握人的本质具有重要的启发意义。此外,尼采关于人的学说同样十分重要。事实上,在西方当代人本主义思潮中除了以上两位之外,还有叔本华、狄尔泰、柏格森等人把人的生命归结为一种活生生的精神过程，并试图从人的内在性方面来理解人的自由，这与雅斯贝尔斯对人的重新认识也不无相通之处,不过他们对雅斯贝尔斯并没有产生像谢林、克尔凯郭尔等思想家那样大的影响。雅斯贝尔斯并没有简单地继承前人的思想，而是试图站在一个更高的水平上来重建其关于人的学说，这一学

①[英]密尔:《论自由》,许宝骙译,北京:商务印书馆,1959年版,第63页。

②Karl Jaspers.*Man in the Modern Age*, London: George Routledge & Sons, Ltd., 1933, pp.149-158.

说体现在他的"生存本体论"之中。后面将论述雅斯贝尔斯关于人的思想。

另一方面,重建价值主体,拯救现代人的精神危机。雅斯贝尔斯认为,要把现代人从灾难深重的精神危机中拯救出来,不仅要依赖社会真正把他们当作目的看待,在正确认识人的前提下恢复其个性和尊严,而且还要依赖大众内心深处的自觉。雅斯贝尔斯把现代大众的缺乏自觉、人格失落、心理变态等看作陷入精神危机的另一个重要因素。只有每个个体都获得了充分的自我意识,社会变革才会有取之不尽、用之不竭的内在精神源泉。也只有每个人都懂得把自己当作目的而不是手段来对待,并自觉地为这一目的而殊死搏斗,对人在观念上的重新认识才能真正化为改造现实的物质力量。只有如此,自由理想才能在每一个人那里落到实处,从而建立起一个人人自由的目的王国。

考察康德以来西方哲学在重建价值主体方面所走过的道路发现,重建价值主体乃是康德以来西方主体性思潮的首要问题。雅斯贝尔斯在批判、总结和继承前人的基础上,把这一问题引向了更深入的地步。他把"生存"(existence)当成哲学所要重建的真正的价值主体,当成人类自由的源泉和保证。雅斯贝尔斯曾生动地描述价值主体的建立,以及如何把人从压制之下解放出来。"这样说来,每一个无条件性(unconditionality)的探索都使人在严峻地面对他自身时感到不自然。一个历史的无可替代的存在的真正本性,总是和大量自我克制的训练相关,和对意志的强有力的训练相关。一个不屈不挠地使用力量进行自我训练,并迫切地感受到完成自我的真正可能性的人,漫步在一条和作为人的他相适应的道路上——这条道路先是进入了客观权威的压制之下,但是如今通过自我深思熟虑的自由选择,它意识到了自己的责任。"[①]毫无疑问,重新认识人是重建价值主体的逻辑前提。在对人及其自由缺乏正确认识的情况下,价值主体的重建就很可能会误入歧途。这样的反面例子很多,例如人们可能会把认识主体误以为是价值主体,像在近代西方思想史上那样,也有人可能会把心理主体误以为是价值主体,如弗洛伊德。这些对主体的理解都遭到了雅斯贝尔斯的批判。重建价值主体也是重新认识人,特别是认识什么是人的真正自由的根本保证,否则重新认识人就只能是一句空话。

①Karl Jaspers.*Man in the Modern Age*,London:George Routledge & Sons,Ltd.,1933,p.186.

二、存在主义哲学思想

(一)哲学起源:临界境遇[①]

由以上论述可知,近代西方文化观念的没落以及现代人的现实生存处境,导致现代人产生精神危机,偏离人的本原状态。人怎样才能返归本原而成为真人呢?雅斯贝尔斯创造了一个概念——临界境遇(也称为“边缘处境”)来解释这一问题。在他看来,人只有在临界境遇中,才能返归本原,成为真人。

雅斯贝尔斯称,临界境遇是除“大全”之外他创造的又一概念,也是他的存在哲学的一个重要思想。他曾说过,惊愕和怀疑之后,逐渐意识到这些临界境遇,乃是哲学最深刻的根源。

雅斯贝尔斯认为,人作为一个实存,就一定要处在一种处境之中。因为实存是境遇中的一种存在,所以“我”永远不能跳出境遇,除非“我”又进入另一境遇中去。因此,在他看来,境遇是人所不能摆脱的。

那么,什么叫境遇呢?雅斯贝尔斯如此定义:一种现实不仅是自然规律的,而且尤其是具有意义的现实,它不是就心理而言,也不是就生理而言,而是同时就身心两方面而言的具体现实,它对“我”的实存或者有利或者有害,或者是机会或者是限制,那么这种现实就叫境遇。

由此看来,所谓境遇乃是指人的实存状态的某种现实关系,它对人的活动能够产生一定的作用。此外,人对境遇也可以起作用,使之变得于己有利。显然,境遇这一概念使人的有限性更加明确,因为境遇总是说明人的实存的有限性,是对实存的一种规定。因此人永远不能摆脱境遇,而总是为某种境遇所限制。

雅斯贝尔斯认为境遇有内外两个方面,即境遇包括外在的环境,也包括人所处的某种特殊的精神状态,也就是人心理上的某种情调。这种情调在人身上每

①徐崇温主编:《存在主义哲学》,北京:中国社会科学出版社,1986年版,第275—279页。

时每刻都有，仿佛是某种不以人的意志为转移的外在东西，人永远也摆脱不了某一情调的纠缠。雅斯贝尔斯所说的这种情调海德格尔实际上也谈过，后者在“实存的分析”中所说的基本情态其实就是这个东西。

雅斯贝尔斯界定“境遇”是为了进一步引申出“临界境遇”。那么,什么是临界境遇呢？他认为,一般说,人虽然不能摆脱境遇,但境遇是可以改变和变换的。然而,也有一种境遇不能改变和变换,同时也是不得而知的,因此不能避免,这就是所谓的临界境遇。在雅斯贝尔斯看来,临界境遇除了表现之外,其他并不改变,由于涉及实存,是最终确定不可更改的,是不可透视的。在实存里看不到它们背后还有什么,它们像一堵墙,撞到它们会失败。它们不能由我们来予以改变,只是清楚它们是不能从另外一个处境来说明和推导的,它们属于实存本身。雅斯贝尔斯强调了临界境遇的两个特点,一是属于实存本身,一是在此必然要失败。

为何要冠之以“临界”来说明这样一种不可更改和不可避免的境遇呢？雅斯贝尔斯认为，正是由于其临界性，所以才使得这样一种境遇对人具有特殊的意义。所谓临界乃是实存的边缘,它对于实存来说是一个限界、一堵墙壁,我们必然要撞到这个边缘上,我们必然要失败,这就是我们的命运。这是为我们作为实存本身的特点所规定的。临界不是某种在人以外并从外面来限制人的东西,相反,临界乃是某种在人的内在本质中规定着人的东西。所以,临界境遇既不可更改,也不可避免。

雅斯贝尔斯认为,临界境遇是使人真正成为一个人的契机,是使实存变为生存的一个决定性的条件。正是在这种被临界撞回的境遇下,“我”才能被抛回“我”自身,体验到“我”自己存在于因被大全所包围的局限性中。在他看来,这种对大全的体验便是可能的生存的根源。所以大全乃是可能的生存的根源亦条件。雅斯贝尔斯还指出,因为大全乃是可能的生存的条件,而“我”必须把这个可能的生存实现出来。因此,“我”在临界境遇中会体验到可能的生存。也就是说,体验到自由,并在自由中,体验到一个无条件的(绝对的)可能存在与应该存在。由此可见,自由才是雅斯贝尔斯给我们上的最后“一道菜”。

具体说来，人又是如何被“撞回”的呢？雅斯贝尔斯说，当人撞到临界以后，在他的临界境遇的逼人的现实面前，到处都能体会到现存状况并不联结为和谐的有意义的整体。这就是说，现存状况里所出现的种种矛盾，不能由思维而联结起来，这些矛盾甚至显得在原则上是不可克服的。这说明和谐的世界观和人生观都是不可能的。在实存的边缘上被感觉到，被体验到，因而人们在临界境遇面前，感到每一种知识、每一个行动的理由根据都成了疑问，感到在那里产生了一种不够和欠缺，感到他自己的实存像是处于陌生的异乡，举目无亲，流离失所。在那里没有固定的东西，没有不容怀疑的绝对，没有撑持每一经验和每一思维的支柱。一切都在流逝，都存在于成问题的东西的无休止的运动之中，一切都是相对的、有限的、分裂成对立面的。因此，“我”的生活乃至最内在的根据都被震撼了，我们的理性彻底崩溃了。但是，雅斯贝尔斯认为，这种理性的崩溃，正是临界境遇的意义之所在。因为只有在这种崩溃中被逼得无路可走的理性，才能使现实以及生存取得它们真正的表现，使人陷入不安，看到人的实存处于绝望之中，从而激发人做出最大的奋勉。在该境遇中，人找到了自己，从而成为真人，实现了生存。所以，体验临界境遇和去生存，是同一回事。只要我们睁大眼睛迈进临界境遇，我们就成为我们自己了。

雅斯贝尔斯认为有四种临界境遇——死亡、苦难、斗争和罪过。所谓斗争，乃是指实存与生存之间的对抗，乃是“为实存的斗争”。没有斗争，就没有生存，同时，斗争又摧毁着生存，以它的暴力行动折断许多可能性。人越是卷入为实存的斗争中，人就越远离生存的可能性，而生存的可能性要联系到超越存在才能实现。因此为实存的斗争是不能产生可能的生存的。在雅斯贝尔斯看来，只有死亡才是使生存得以实现的条件。他认为，生存通过为实存的斗争而在实存中丧失了，这就出现了死亡的问题。所谓死亡，即意味着现实中的消失，意味着离开实存而进入可能的、纯粹的超验界中去。在死亡中，实存中断了，而我们的实存被切断，它的片断性恰恰使我们有可能从死亡境遇出发来认识实存的局限性。此时，我们便站到实存与生存的分界线上，看到了我们的实存的边缘，看到了包围着我们的实存的那个无边无际的大全，确定了我们的现实立场，从而成为真正的自身，成为生存。

因此,雅斯贝尔斯说,这时我们是把死亡当作一种一直渗透到当前现在里来的势力而坦然承受下来。正是基于这样一种态度,他甚至认为从事哲学即是学习死亡。如果说从事哲学活动就意味着"学会死亡",那么这不是说"我"因想到死亡而恐惧,因恐惧而丧失当前现在,而是说,按照超越存在的尺度永不停息地从事实践,从而使当前现在对"我"来说更为鲜明。这就是说,只有在死亡面前,"我"才能够真正地生活。因此,雅斯贝尔斯主张人们对未来要抱有一种悲观态度,要准备失败,要面对死亡。因为只有在这样的边缘处境之中,人才能感到无路可走,背水一战,生存才是可能的。所以,雅斯贝尔斯认为,谁以最大的悲观态度看待人的将来,谁将真正把改善人类前途的关键掌握在自己手里。

在雅斯贝尔斯看来,就是在这种临界境遇里,一切假面具都脱落了,一切官样文章都扯碎了,一切表面现象都消失了,而显现出人的真实存在,即人的自我实现的自身存在来。无疑,这正是他所谓的人的理想的形象。如果说,所谓临界境遇不过是雅斯贝尔斯的人生幻境的话,那么他所谓的人的自身存在也只不过是他的人生幻象而已。在这里,更多地表现了他的人生哲学的抽象的内容,更多地反映了他的新人道主义的唯心主义本质。

(二)哲学对象:存在①

"存在主义哲学",顾名思义是一种认为"存在"是首要的或占第一位的理论。在雅斯贝尔斯的哲学中,"存在"是一个主要的概念,是其哲学对象。围绕这一概念,雅斯贝尔斯构建起了一整套庞大的理论体系。雅斯贝尔斯从其基本的哲学态度出发,认为一切传统哲学都不涉及具体的人生问题,因而都是"本体论",而他的哲学则没有什么本体论。他所谈论的本体已经渗入了人的主观性,所以就不再是本体论了。正如雅斯贝尔斯所说,不是关于本体论的,而是攻击性的,它不认知所是,而是说明大全。重要的是特殊的内容和解释。然而,雅斯贝尔斯并不能因此就否认他的哲学所具有的本体论内容。相反,他的本体论构成了他的整个哲学体系的理论框架。可以说,在现代西方哲学中,整个存在主义流派都是以他们的本体论作为其理论基础的。例如,海德格尔就称他的哲学为"基本本体论"。尽管雅斯贝尔斯并不像海德格尔那样明确,但他却也像其他存在主义

①徐崇温主编:《存在主义哲学》,北京:中国社会科学出版社,1986年版,第253—256页。

哲学家一样，从唯心主义的意义上对本体论问题作了阐发，其本体论也带有鲜明的特色——以“生存”为其核心概念，以“大全”的不同模式为依据建构理论框架。所以，雅斯贝尔斯的本体论又称作“生存本体论”或“大全本体论”。

雅斯贝尔斯的本体论，看起来好像是抽象的存在本身的问题，与所谓的传统哲学没有什么区别。对此，他曾说过，越过无限的特殊和部分的事物而追求存在本身，这既是最初的思维方式，又往往是最新的思维方式。雅斯贝尔斯的本体论与传统的本体论所思考的存在，其意义是不尽相同的。雅斯贝尔斯所思考的是以人的生存为核心的存在问题。他说过，我们要基于人的存在的单纯基础从事哲学思考，忘记了人的存在就意味着滑向虚无。可以说，雅斯贝尔斯的全部本体论，都是与人的存在相关的。

“存在”概念，可以说是雅斯贝尔斯进行哲学思考的出发点，同时也是他的本体论的逻辑起点。雅斯贝尔斯在其哲学道路上，始终都在思考存在的问题。他的几部主要的哲学著作都对这个问题进行了阐述。他前后著作中的表述是不尽一致的。例如，在1932年出版的《哲学》中，他曾强调过存在的三种方式，即“客观存在”——时空客体的存在、“主观存在”——人的自我存在和“自在存在”——世界彼岸的存在。而在1938年出版的《生存哲学》中，雅斯贝尔斯则没有再使用这三种存在的概念。

雅斯贝尔斯是如何来说明存在的呢？他明确反对唯物主义的主张，认为反客观存在的事物都不存在。相反，他认为只有不在存在中的所谓存在才是真正的存在。凡是成为对象的任何事物，宛如从存在的黑暗背景中趋近我们。每一个对象都是一个确定的东西，但绝不是一切存在。凡是被认为对象的任何东西都不是存在，具体的个别的事物不是存在。那么，一切事物的总和呢？雅斯贝尔斯的回答仍然是否定的。他认为，客观的研究，都是向着一个新的全体发展，但每一全体永远不能成为整个的和真实的存在。说明该问题时，雅斯贝尔斯喜欢打这一比喻：我们好像永远生活在我们知识的视野里，但是又永远也达不到一个在那里不再有视野边际的地方。因此，对于我们来说存在永远没有尽头，永远是未封闭的，它把我们引向四面八方，而四面八方又都是无边无际的。也就是说，不论什么，凡是对我来说成为对象的就是其他存在中的一个有规定的存在，它就只是存在的一个方式。当思维存在的时候，比如说把它当作物质，当作能力，当作精神，当作生命，如此等等，所有这些可以思维的范畴都已尝试过了。最后总是发现已把出现于整个存在之内的某一有规定的存在方式绝对化了，使之成为存在自身。但是，任何被认识了的存在，都不是存在本身。

在雅斯贝尔斯看来，所谓世界，代表的是一个被认识的客观存在，也即我们的存在，因而是非存在；而所谓存在，代表的则是一个抽象化了的空间。显然，他在这里所讲的存在，不是具体的存在，而是抽象的非存在的存在，即存在于非存在之中的存在。它的特点是，不能被看到、摸到，也不能被思维所把握，而只能靠想象和信仰去把握。可以说，传统的唯心主义哲学家往往把存在与思维统一起来。他们的公式是，思维即存在。而雅斯贝尔斯与之不同，其公式是，思维即非存在。这不是他们的本质区别。传统的唯心主义哲学家把思维同存在等同起来，雅斯贝尔斯则把信仰同存在联系起来，他们都否认了客观存在，在这一点上，他们都是相同的。

既然雅斯贝尔斯认为存在是不能做任何规定的，那么就必须用一个词来称它，这就是他所谓的“大全”，其意思是“无所不包者”。雅斯贝尔斯是这样解释大全的：它不是某一时候的知识所达到的视野边际，而是一种永远看不见的视野边际。不仅如此，一切新的视野边际又都是从它那里产生出来的。在解释了大全之后，雅斯贝尔斯才能给存在下一个“完美的”定义，即存在是指无所不包的大全所代表的那个至大无外的空间。

(三)哲学基本知识：大全本体论[①]

通过“大全”来说明“存在”，是雅斯贝尔斯的“创造”。他曾说过，今天的哲学真理多数表现为将旧思想翻新，只有少数表现为新的基本概念的形成。大全就是这样一个新的基本概念。雅斯贝尔斯曾对他使用“大全”这一概念的意图做过解释：总是生活在一个界域里，正由于它是一个界域，所以便指出了还有某些其他的东西围绕着这一界域，因此，便引出了大全的问题。显然，他所思考的大全

①徐崇温主编：《存在主义哲学》，北京：中国社会科学出版社，1986年版，第256—263页。

问题，乃是存在的无定界或无限的问题。

1.大全的特点

（1）大全仅仅透露一些关于它自身的消息，通过客观存在着的东西和视野的边际透露出来，但它从来不成为对象。因此，可以从哲学上领会它，但不能客观地认识它。因为，一切样式的大全，当它们变成研究对象并且仅仅是研究对象时，就好像消沉自毁了；当研究对象的形态成为可看见和可认知的东西时，就好像气绝身死了。

（2）大全自身不显现，一切别的东西都在大全里面显现出来，以便使思维的结果不是产生一种关于什么东西的知识，而是呈现出一个色彩特异而又永无尽头的空间，从而使所认识的一切存在物都因与这个空间有了关系而获得一种深远的含义，都是从它那里显示其自身，借此透露存在，其自身却并不就是存在。

（3）大全能使一切事物按照其本来的样子显现出来，还使它们都成为透明的。这个空间虽然不能被认知，却显现为一种好像在透视着一切被认知的存在的东西。因此，对哲学来说，万物同时又被大全所渗透，或者说，万物有就像没有了一样。

雅斯贝尔斯认为，从对大全的阐述中，就能发现“哲学”（即他自己的哲学）和“本体论”（即传统的哲学本体论）的本质区别。因为“本体论”是从概念上认知存在，而“哲学”则是把存在照亮了。“本体论”把存在理解为客观事物或意义单位，而“哲学”则把存在作为至大无外的空间，作为一切客观存在于其中向我们显现的空间。“本体论”指出一种内在性思维中直接可以看得见的东西，“哲学”则是间接地在超越性思维中触及存在。正是由于这种区别，所以雅斯贝尔斯说，体会大全是一个否定的步骤，是打破我们的世界这个窄狭范围的第一个步骤。因此，大全的观念，毋宁说是一种破坏性的观念，它根除了我们日常思想中的所有的自然客观性。

无疑，所谓大全，不过是雅斯贝尔斯的一个理论上的虚设。对此，雅斯贝尔斯并不讳言。他认为，大全的体会不是研究结果。仿佛从此以后可以言说了。它毋宁是我们的意识的一种态度。不是我们的知识改变了，而是我们的自我意识改变了。显然，雅斯贝尔斯这是把自我意识强加于现实。

2.大全的意义

在雅斯贝尔斯看来，对大全的说明是很有意义的，这正是他所处心积虑之处。概括起来看，至少有以下两点意义。

第一，阐述大全，能使“我”的存在意识发生变化，凭借它盼望能把自己从我们根据一个知识而产生的存在意识的枷锁里解放出来。也就是说，使“我”认识到一切所谓的客观知识，都不过是现象知识，而不是关于存在本外的知识。例如，人类学并不认识人的真实的活生生的实际存在，艺术学并不把握真正的艺术现实。这样，就有一种与一切特定的知识不可相提并论的存在意识明亮起来了，进入了可能性的最大空间。在该空间中一切都是不确定的，都是可能的、可供选择的。因此，大全并不给人们以可知性，它让人们保持着“我”的自由。显然，雅斯贝尔斯所讲的存在意识的变化，正是这个自由的变化；他所讲的那个明亮起来的存在意识，正是该自由意识。这正是他的整个自由哲学的一个本体论的论证。

第二，阐述大全，是彻底发展哲学思维的“必备条件”，是“哲学逻辑的任务之一”。也就是说，阐述大全是建构其整个哲学体系的一个基本前提。雅斯贝尔斯认为，传统哲学的本体论之说明存在，是把它论述存在时所设想到的存在还原到一个最初的存在；而他的哲学则先对大全作一种说明，凡以后在论述存在时可能谈到的都以这个大全为根据和本原。如果说存在是雅斯贝尔斯的本体论的逻辑起点，那么大全则是其实际的前提。在该意义上，大全确实又是雅斯贝尔斯本体论思想的一个大全，因为其本体论思想都无所不包地包含在这个大全之中了。

3.不同的大全样式

雅斯贝尔斯认为，抽象的大全统一不过是一种理论的虚设，说明不了任何问题。雅斯贝尔斯的目的还是要通过对不同的大全样式的具体化，来逐步展现他所谓的“现实”。

雅斯贝尔斯认为，大全是会因某些现象的客观性而分裂成为不同的大全样式的，这就是世界、普遍意识、实存、精神、生存以及超越存在，是一个由低级层次向高级层次排列的260个大全样式的序列。他认为，在思考关于暂时性的存在时，人们必须不断地历经大全的各种样式。我们不能够停留在任何一个样式上面，下面来“历经”一下这些样式。

（1）世界

世界是什么？雅斯贝尔斯不愿多谈世界。他认为，被认识的世界是他十分生疏的东西，和它有距离。在他看来，世界归根到底是个虚无，愈是坚决地去把握世界，就愈觉得自己在这个世界上无家可归……因此，从整体上看，世界是不能信任的。雅斯贝尔斯说，世界毕竟是个实在，他还活在这个世界上，因此他也不能不谈，于是在他的《哲学》第一卷“世界的展示”里，一开始也谈了世界。

世界究竟是个什么东西呢?从泰勒斯以来的所有哲学家都在问这个问题。人人都说得有鸟语花香、大地山河。对景生情，触景发思，不能不产生疑问，寻求个究竟，找到个本原。有的说是地、水、火、风，有的说是物质、精神，还有别的一些说法。在雅斯贝尔斯看来，各种说法都对也都不对。说都对，是因为地、水、火、风、物质、精神等，都是世界里的事物，用世界的一部分来说明全体，总不能算全错；说都不对，是因为这些说法都是用世界里的事物来说明事物的世界，没说出个究竟来。因为每一个事物都只是一个存在着的东西，都仅仅是存在着，但并不就是存在着的世界本身，所以在他看来，过去的哲学都是答非所问。

因此，雅斯贝尔斯认为，对世界不能用具体的事物来描述，而必须用抽象的大全来加以说明。世界就是大全的一个样式，它代表的是我们的存在，它的特点是主观与客观相关联。

雅斯贝尔斯把世界划分为四个领域——物质世界、生命世界、心灵世界和精神世界。这四个领域各不相同，没有联系，画地为牢，因此世界的图景是多元的。雅斯贝尔斯一方面因其支离破碎而把世界拒斥在“哲学”的研究范围之外；另一方面，又反映了他的多元主义、相对主义的思维特征，为他的个人主义和虚无主义的人生观作出一个初步的印证。

(2)普遍意识、实存、精神、生存

雅斯贝尔斯认为，世界乃是存在自身在其中向我们显现的那个大全。此外，还有一个我们人本身所是的那个大全，它包括普遍意识、实存、精神和生存。显然，这是雅斯贝尔斯对与世界相对应的“我”(即人)的不同状况的一种描述。

所谓普遍意识，雅斯贝尔斯认为，如果“我”是一个与其他主体本质上相同的主体，那“我”即是普遍意识了。像其他唯心主义哲学家一样，雅斯贝尔斯认为意识是第一性的东西。他认为，任何东西只有在呈现于我们意识之前而为可经验的对象时，才是对我们存在的；凡不呈现于我们意识者，凡是根本不接触我们的认知者，则可谓一无所有。但是，雅斯贝尔斯又认为这种普遍意识太空洞了，对所谓的现实人生太没有实际意义了。因此，为了返回现实，就要从空洞的意识前进一步走到现实的人的实存。在他看来，所谓人的实际存在总要比空洞的普遍意识更接近现实。

所谓实存，雅斯贝尔斯认为就是人的实际存在。一方面，实存显然与那种空洞的普遍意识是不同的。另一方面，实存与那种客观性的世界更是截然不同。因为这种实存是不能被当作客观对象而加以认识和把握的。如果被视为客观对象，人们本身所是的实存的大全也就变成了像客观世界那样外在的东西，一旦人们的实存成为研究对象时，就落入客观世界之中。在这种情况下，我们只是被视作其他好多物中的一种物，而不是真正的人。雅斯贝尔斯认为，这样一来“我”便毫无个体性可言了，毫无情感和意志可言了。但是，“我”分明是一个真正的人，一个走向现实的人的实存，其特点是既实际存在又有个性。说它是实际存在的，是因为这种实存有始有终，有自身还有环境，在它的环境里，或者艰苦卓绝而坚持奋斗，或者心身交疲而逆来顺受，既有快乐也有痛苦，既有恐惧也有希望。说它是有个性的，是因为实存经常与普遍有效的真理对不上口径。

所谓精神，雅斯贝尔斯认为是人本身所是的大全的第三个样式。他说，精神是知性的思维、活动和情感的整体,这个整体不是知识的封闭的对象而是理念。他认为,不论是普遍意识也好,还是实存也好,都毕竟是片面的。人不仅是一个普遍意识,也不仅是一个实存,同时还是一个"整体",这就是"精神"。也就是说,"我"还不仅只是实存而已,现实的"我"又是一个精神,凡意识所思维的东西和作为实存的那些现实的东西,一切一切都能被吸收到这个精神的各种观念性的整体里。显然,精神是普遍意识与实存的一个合题,它显示了人的更加完美丰富的精神性,构成了一个具有知、情、意的理想形象。然而,作为一个整体,在精神里,既有因处于整体中而深感满足,也有因永不圆满而备受苦痛。因此,精神将维持、加强并产生一切事物对一切事物的关系,不排除任何事物,而给予一切事物以地位和限制。这就说明,精神是一个趋于完成而又永不完成的整体,体现了人的自我完善性和开放性。

雅斯贝尔斯认为普遍意识、实存、精神均属内在存在,它们代表着三个不同的起点,前后相续使人从一种混沌的意识状态上升到一种完满丰富的精神状态。然而,到了精神这一层次里,出于精神所特有的开放性,便出现了超出内在自我的可能,也就是超越人的生存状态的可能。雅斯贝尔斯说,当他超出了他的内在自我,他便成为与其他生存共在的生存。在他看来,生存与精神的区别就在于,精神仍不过是知性的形态,而生存则不再是知性,它属于理念的范围;精神是一个整体,生存则打破所有的整体而永不到达任何实在的全体。因此,生存实际上是一种非理性的纯粹的精神存在,雅斯贝尔斯认为,它乃是人之所以成为真人的最高层次。人之作为真人,就必然要成为一个生存。也就是说,在大全的一切样式中自我只能真正地自觉为生存。

(四)哲学方法论:超越①

方法论是生存哲学的一个重要的组成部分。雅斯贝尔斯认为,哲学是方法上的思维。哲学按照方法进行活动,并且对自己的方法还有所了解。如何理解雅斯贝尔斯生存哲学的方法呢?

雅斯贝尔斯生存哲学的方法是一种反理性的方法,与其他存在主义者的主

①徐崇温主编:《存在主义哲学》,北京:中国社会科学出版社,1986年版,第290—298页。

张是相同的，与传统哲学认识论的理性方法不同。雅斯贝尔斯把他的哲学方法叫作“超越”（或“飞跃”）。他认为，哲学（依据他的生存哲学）的方法都是超越对象的方法。从事于哲学即是从事于超越。为什么这个“超越”（或“飞跃”）这么重要呢？这是因为，第一，在雅斯贝尔斯看来，它是与人的自由、生存状态密切相关的。他认为，这个飞跃决定着“我”的自由。因为自由是通过超越而达到超越存在的。也就是说，肯定的自由产生于飞跃中所达到的生存。第二，从另一方面来说，“超越”又是构成他整个哲学体系各部分之间的一种“联系”。雅斯贝尔斯认为，对于世界的哲学展示、生存的阐明和形而上学的区分推导于存在（不仅仅是实存）的不同的模式，而这种区分的方法论的根据却在于超越。因此，这种超越的模式给我们的哲学联系提供了系统性原理，这种哲学联系便是我们划分三个部分的根据。雅斯贝尔斯的意思是说，其哲学体系划分为三大部分。是什么把这三大部分连为一体的呢？它们的内在根据是什么呢？是超越。正因为如此，他对“超越”的含义作了缜密而繁琐的说明。

1.超越的一般性含义

雅斯贝尔斯从以下几个方面对超越的一般性含义作了说明。

（1）超越的界说

所谓超越，从根本上说就是要“超越客观性”。雅斯贝尔斯认为，人一方面要超越客观世界；另一方面还要超越认识的客观形式，超越理性思维。他甚至主张他的方法要抛弃掉所有的范畴。他说，哲学上通往现实的道路是一条利用范畴而又超越这些范畴的思维道路。因此，超越是完全自由的，是不受任何东西束缚的。总之，哲学就必须超越所有的客观性。雅斯贝尔斯认为有三种不同意义上的超越，一种是逻辑的超越，一种是实际的超越，一种是所谓的哲学的超越。也就是说，当主观意指某物时，便是第一种意义上的超越，使我们的主观意识与对象发生关系。因此，只要我们在意识着，这种逻辑的超越便发生着。显然，实际上，这种超越不过是指人的意识活动的一个基本事实。而当我们在考虑某个概念的实际用法时，便是第二种意义的超越，即实际的超越。这种超越仍不过是指概念与现实对象的某种对应关系。雅斯贝尔斯认为，在这两种意义上客体独立于主体，客体依然是客体，即使主体不存在了，客体依然存在。因此，它们都并没有真正超越客观性，都并不是真正的超越，可以说是“转移主观性”（transsubjectiveness）。

雅斯贝尔斯宣称，所谓哲学的超越并不考虑主观意识或概念与客观对象的相互关系，并不是要把人的主观性转移到客体上来，而是恰恰相反，要根本超越身内身外的一切客观性，从而进入非客观性之域，进入那种毫无遮拦、自由自在的纯粹的精神境界。只有这种超越，才是真正的超越。

（2）超越的起源

怎么会有超越呢？雅斯贝尔斯认为，人和动物不同。动物在任何情况下都不具有自我选择的能力，它存在着但仅仅是它自身，满足于自己的客观存在，这就是所谓的动物性。而人并不仅仅存在着，他能够选择，他必须超越其自身，超越其客观性，超越因而也可以说是生存的冲动，这正是人作为实存的特点。所以，他说超越是真正的实存中的精神运动。

然而，雅斯贝尔斯又认为，超越在实存中并不是一个既定的事实，而是自由的机会。也就是说，超越是可以为人所选择，为人所创造的。当人仅仅是一个实存的时候，他还没有完全超越其客观性。这时他知道什么是丧失和死亡，但这一切并未使他震颤。他生活着，似乎死亡并不存在，他存在着，好像从来如此。但是，生存的本质就在于它不仅仅是实存。人面对着自己实存的安稳状况，会产生一种莫名其妙而又无可救药的不安，这种不安便是超越的起源。一方面，超越不过是人所选择、创造的一种自由的机会，人既可以超越也可以回避超越；另一方面，出于人对于自己实存状况的内在不安，所以又必须选择超越，创造超越，从而彻底超越一切客观性。只是在这时，人才能够达到真人的境界。

（3）超越的结果

雅斯贝尔斯认为，人对他的实存状况不满意，因此要超越，以彻底摆脱其客观性。那么，超越的结果又如何呢？他回答说，那就是把世界上的一切都变成了现象，整个世界都成了现象世界；改变了"我"的实存状况，使"我"成为生存，从而在这种超越中，达到超越存在。显然，这种关于现象世界和超越存在的思想，表现出康德对雅斯贝尔斯影响的痕迹。对此，雅斯贝尔斯本人也直言不讳。他说道，康德向非客观性的超越向我们展示了一个光辉的范例。雅斯贝尔斯是热衷于效法康德的。他认为超越有真的超越，也有假的超越。假的超越是企图使"我"到达彼岸的客体，即到达非世界的存在；而真的超越则既没有客观目标，也没有主观目的，其概念不是表现一种境况，而是表现一种功能。过去人们只是企图在形而上学中去思考彼岸的物自体，譬如物质、上帝等，这便是假的超越。而康德则改变了超越的方向，确定了对物自体客观认识的不可能性。在他的“先验逻辑”中，他把超越，即他所使用的“先验方法”同企图达到彼岸世界的那种超越区分开来。通过“他”的超越世界就成了只是显示“我”的那个世界，“我”也就成了只是显示“我”自己的那个“我”，从而使所有的客观存在都变成现象，使主体与客体都变成现象，从而非客观化，这正是康德的思想实质。雅斯贝尔斯认为，如果错误地把康德的思想视为一种客观化势力的话，将不能理解康德。同时，这也正是他本人所效法的那种超越的理想结果。雅斯贝尔斯认为，现实世界的概念其实就是表达了人们的一种界限感。虽然超越是离开世界，但不是引人出世而到别的什么地方去。正是这种把一切非客观化、现象化的结果，使人从根本上悟出了在世的存在的意义，得到了一种内在的震颤，由此而使人们对客观事物的态度发生了变化，尽管最初只是形式上的变化。“对客观事物的态度”的变化，颇有些“看破红尘”的味道，也就是说，把客观事物都看作虚幻不实的。因此，尽管最初超越还仅仅是形式上的，还没有什么内容，但它却已经使人变成了另一个人。什么样的人呢？难道不是一个主观唯心主义者，一个相对主义者，一个唯意志论者吗？

综上所述，雅斯贝尔斯的所谓超越，是指人由客观世界进入非客观之域，由客现存在变为非客观存在的一种精神活动，它表现了雅斯贝尔斯主观唯心主义的方法论特征。除对超越的一般性含义进行阐释之外，雅斯贝尔斯还更进一步地论及了超越的各种不同的具体模式。对超越的具体模式的虚构，更进一步显示了他主观唯心主义的方法论特征。

2.超越的具体模式

雅斯贝尔斯所谓的超越有各种具体的模式。他认为，为了使人们的思想具有内在秩序，就必须接受超越的不同模式。因为存在的模式不同，所以到达各种存在模式的超越模式也就各不相同。只有通过一系列具体的超越才能到达不同的存在，直至最高或最终的存在，即超越存在。

雅斯贝尔斯区分了超越的三种模式，即世界展示的超越、生存阐明的超越以及形而上学的超越。三种模式的超越彼此间前后相连,相互接透,不可或缺,是一个由世界到达超越存在的完整的超越过程。不仅如此，在这三种模式的超越中，后一种超越又总是比前一种超越包含更为丰富的内容，给前一种超越赋予更新的含义。雅斯贝尔斯宣称,从这三种模式的超越中可以看出他的哲学反思的秩序性和明晰性。

(1)世界展示的超越

雅斯贝尔斯认为,只有超越于世界之外,才能彻底地展示世界,我们才能明白世界原来是现象，这便是世界展示的超越的内涵。这种康德式的超越是我们的哲学的基本功能,是很重要的一个超越。

雅斯贝尔斯认为,人生活在世界上总要不断地展示世界的真实面貌,展示世界的本原。因此,永不停歇地展示世界对我们来说便是生活的一种必然性,满足我们对客观知识追求的欲望。在世界的展示中,总是不断地到达世界的边界,又总是没有到达世界的边界。世界究竟是个什么样子,人们不知道。自然科学和历史科学对世界的展示不过是一种"天真的冲动",其展示永远都是有限的、相对的,因而不是超越。它们仅仅是到达了空间和时间的一定边界,而在这个边界的后面,又总是存在着人们通行和进一步探讨的可能性。当遇到这样的边界时,推醒了"我"的实存,让"我"感到吃惊,但仅此而已。这仅仅是向科学家们的挑战,并不引起我们的哲学冲动。哲学所要超越的,不是某一尺度的时间和空间,而是整个客观存在，是科学研究永远不能企及的绝对的边界。这种绝对的边界阻止了科学研究的任何可能性,"却给哲学的超越敞开了大门"。因此,世界展示的超越乃是哲学的事情，它既超越世界而又不丧失世界，从而在世界之外向我们彻底展示了世界,使之透明了。于是,我们的存在意识便会发生变化。

(2)生存阐明的超越

如果说世界展示的超越是向外超越实存的世界的话，那么生存阐明的超越则是要向内超越实存的自我,消除自我的客观性,达到所谓无客观性可言的生存境界。也就是说,要从经验的自我超越到内在的自我。这种超越要借助意识,生存显现于意识之中。雅斯贝尔斯认为，所谓经验的自我或实存的自我有两种表现:第一,是一种普遍意识;第二,是一种"我"的自身。作为一种普遍意识,乃是一个客观的旁观者,眼前一片茫然,不可能看到任何生存;作为一种“我”的自身,是心理学的研究对象,是孤立的客观个体,其存在是不彻底的,不能揭示本质的存在。雅斯贝尔斯认为有必要进行生存阐明。关于前者,雅斯贝尔斯认为普遍意识企图获取普遍有效的真理,但是在阐明生存中不知道什么是普遍有效的真理。只知道对于“我”来说是真理的真理,真理没有任何定义。关于后者,雅斯贝尔斯宣称,生存的阐明是阐明“我”自身,已超出了“我”的自身的实存状况,是超然的、自由的,因而不寓于自身,与其他生存处于关联之中,不具有客观性。普遍意识也好,“我”的自身也好,因其都具有客观性,不是透明的,所以要通过对生存的阐明来超越之。这种阐明并不给人们以客观性的支持,但事实上却能使人们行使一种更为透明的超越。因此,雅斯贝尔斯的生存阐明的要点就在于强调生存具有历史性,即具有不可替代的具体性以及超然性。生存不是普遍意识,也不是“我”的自身,阐明了这一点,或者说,意识到了这一点,“我”就超越了、透明了,由实存超越而为生存了。在无条性的行为中确信其自身,作为一种绝对意识而充满其自身,不再具有作为主观性或客观性的实存的特点了。雅斯贝尔斯就完成了他的第二个超越。

(3)形而上学的超越

在世界展示的超越中,雅斯贝尔斯超越了世界,把世界展示为现象。那么,现象的本质是什么?也就是说,在这现象世界的背后是什么?在生存阐明的超越中,雅斯贝尔斯又超越了实存的自我,达到了生存。那么,这种生存所想象的是什么?它的存在根据是什么?雅斯贝尔斯说,这就是他的形而上学的超越所要解决的问题。无疑,雅斯贝尔斯是要追求一个最后的存在,即他所谓的超越存在。他认为,超越存在是完全纯粹的存在,不是实存那样的客体,也不是像可能的生存那样,显现于意识之中,它不是意识所能把握的,其超越不是通过意识来实现的,它要超越这一切,它是由生存所想象的,想象着不在意识中而处于彼岸,完全另一样的东西。理解了这一点,就完成了形而上学的超越,达到了最后的存在,即超越存在。在雅斯贝尔斯看来,在这种超越存在的境界里,既毫无客观性,也不能对之有所意识,但是,却是一种终极存在,给现象世界以根据,给人的生存以希望,给他自己的哲学以一个神秘的、绝对的、理想的终结。

雅斯贝尔斯通过他的三个超越,最终达到了他的超越存在。三种超越是相辅相成的，每一种超越都是其他超越的前提、铺垫或升华、提高。虽然三种超越角度和内容不尽相同，但实质却是相同的，都出于生存的冲动。对此雅斯贝尔斯强调说，在所有这三种超越模式之后，都存在着生存的冲动。正是这种生存的冲动，这种生存对世界、自我和彼岸世界的冲动，构成了他的生存哲学的方法论原则。

雅斯贝尔斯的超越是一种非理性的思维或观照。通过这种方法，雅斯贝尔斯试图摆脱任何客观的认识和理性的思维，以达到他的虚无主义的理想之域，并完成他的整个哲学体系的建构。

三、雅斯贝尔斯的受教育经历与教育实践

（一）雅斯贝尔斯的受教育经历①

1.童年与早期教育

1883 年 2 月 23 日，雅斯贝尔斯出生在德国北海岸附近的奥登堡的一个富有的家庭。父亲是一位法学家，曾担任过当地的地方长官和一家银行的经理，他诚实、独立。母亲是一位贤妻良母型的家庭妇女，勤劳地操持家务，对人宽容，对孩子更是理解。

雅斯贝尔斯的童年是幸福和自由的。他从小体弱多病，令家人担忧。还在襁褓时，呼吸道就有毛病，不停地呼喘、咳嗽，夜间更是久咳不止，头部和腿上长满湿疹，很容易感染。正如雅斯贝尔斯所说："我从未健康过，即使我的生存已处于十分令人忧心的境地，我的父母也从未丧失信心。他们总是让我感到，生活是何等美好，我不是他们的累赘，而是他们的欢乐。"②父母给了多病的他最无私的爱，经常鼓励他做一个坚强而快乐的孩子。对童年的雅斯贝尔斯来说，父母是最好的榜样，父母的言行举止是一种无形的教育。

①康敏昌：《雅斯贝尔斯教育思想研究及其启示》，湖南师范大学 2012 年硕士学位论文，第 15—20 页。

②［德］萨尼尔：《雅斯贝尔斯》，张继武、倪梁康译，北京：生活·读书·新知三联书店，1988 年版，第 8 页。

雅斯贝尔斯的母亲亨利特·唐茨恩虽然只受过小学教育，但是她勤劳、端庄、大方。母亲那随和、宽容的性格和充满智慧的生活方式，使所有的人由于她的这种气度而凝聚在一起。[①]而且她对精神活动非常感兴趣，时不时地抽出时间去阅读、弹琴等，因而雅斯贝尔斯从小就对精神活动产生了一种特殊的情感。“对孩子们的命运和未来，母亲都认真地按照他们的习惯和意志来对待，决不充当仲裁者和说教者。对孩子们她有一种天然的理解。实际上她从不愿意去训导他们，而是去理解他们。”[②]因此，孩子们都深情而炽烈地爱着她。母亲的理解和爱培育了雅斯贝尔斯的独立意识和主动精神。他曾这样评价他的母亲：“她以无限的慈爱关怀我与我的兄弟姐妹的童年，以及我们后来的生活，她以自己那无拘无束的性情鼓舞我们，以她那不拘泥于任何惯例的见识激励我们，振翅飞向自己的目标，并以她的智慧庇护我们。”[③]

雅斯贝尔斯的父亲法学出身，当过布加丁根的地方长官，经营过银行，并当选过州议会议员和市议会议长，还兼任过奥尔登堡玻璃厂的董事长。父亲的果断、诚实、傲然独立和内心的孤独深深地影响了他。身为银行经理，认真诚实的经营态度，使得银行获得了很好的发展；身为地方长官，为造福一方百姓鞠躬尽瘁；身为父亲，言传身教地教会他的孩子们诚实、理性。他爱好狩猎、素描和水彩，这些爱好使他的心灵回归自然，并开阔了自己的视野。这些素养的种子都遗传给了雅斯贝尔斯，使其成就了哲学事业。雅斯贝尔斯曾这样评价父亲：“他以身作则地以自己在关键时刻的判断力教会了我遵从理性与忠诚可靠的精神。”[④]他对父亲无限崇敬，视父亲为几乎“完美无缺”的人。为此，在孩提时代他就不断效法父亲，渴望成为父亲那样的人。但是到懂事时，他发现父亲有一种本性使然的孤独，禁锢着他的心灵。自己本身的现实状况和父亲的遭遇给了他思考的空间，成了他最后走上哲学道路的一个诱因。同时，雅斯贝尔斯也继承了父亲的孤独和禁锢，对“人究竟是什么？”“我会成为谁？”“我将怎么样成为我自己？”等问题进行了深思。

孩提时的雅斯贝尔斯在自由而幸福的环境中成长着，虽然自身的现实境况

①②［德］萨尼尔：《雅斯贝尔斯》，张继武、倪梁康译，北京：生活·读书·新知三联书店，1988 年版，第 5 页。

③④［德］雅斯贝尔斯：《哲学自传》，王立权译，上海：上海文艺出版社，1989 年版，第 9 页。

限制了他的一些自由，但是父母的榜样、爱和理解伴随着他美好的童年。“父母亲以他们的表率行为教育孩子。他们认为，对孩子无需使用权威，也不必把客观的权威当作不可触犯的戒律。对孩子们的基本要求是：真诚、贤达、淳朴、勤奋。如果要使孩子们服从某个决定的话，他们从来不用命令、体罚，而是竭力说明原委，分析各种可能性。孩子们应该学会思考，不依附别人。他们的意志不应受到伤害，而应该坚强，坚信自己的思想；盲从被视为恶行；对凡是要求盲从的地方，必须嗤之以鼻。”①

2.中小学教育

雅斯贝尔斯儿时对学习的好奇，到了上学期间已经荡然无存。他不想去上学，而且想永远不去上学。这可能是受自身体弱多病的影响，他怕走进校园受到同伴们的冷嘲热讽；或许他还留恋并沉浸于童年的美好，畏惧校规的禁锢。在父亲的劝说下，他去上学了。为了他能尽快适应学校的生活，家人还特地陪护了他一段时间。

从小学到中学，雅斯贝尔斯不是出类拔萃的学生，成绩最多只能说是中上。数学很好，德语学得很吃力。因此，尽管他的成绩还算不错，但是他老担心留级。在文科中学期间，他感到非常懊恼。他与学校发生了一些不愉快的事情，其原因在于学校领导对国家领袖的盲从。国家对学校的干涉太多，当时的教育呈现出国家主义发展倾向。而在他看来，这是学校精神的萎靡。他不愿意在这样的学校学习，因为在那里自由的学习成为一种奢侈品。国家的触角充斥在学校的各个角落，学校的教育成了国家控制学生和老师的工具，压制着学生的自由。为了自由，雅斯贝尔斯采用各种方式表现出对学校的不满。因此，他被校长和学生视为一个调皮捣蛋的家伙和落落寡合的偏执狂，显得与其他人格格不入。这件事差点导致雅斯贝尔斯被学校开除，但是雅斯贝尔斯并没有就此妥协。他依然坚持自己的看法，后来他拒绝了校长要他在毕业典礼上用拉丁语做告别母校演讲的要求，这种态度和方式并没有影响他顺利获得毕业的资格。这种用自己的方式思考，坚持自己的想法的独立性格来自他的父亲。文科中学的这段经历对雅斯贝尔斯有两方面的影响：一是成就了他独来独往的性格，二是增加了雅斯贝

①［德］萨尼尔：《雅斯贝尔斯》，张继武、倪梁康译，北京：生活·读书·新知三联书店，1988年版，第10页。

尔斯的孤独，给这个本来无忧无虑的少年带来了阴影。

因此，总的看来，雅斯贝尔斯所受的中小学教育还是良好的。虽然中学期间的小插曲给了他不愉快的经历，但是这样反而培养了他独立思考的习惯和坚持自己观点的勇气。在中小学时期，雅斯贝尔斯不愉快的求学经历使得他变得平静、独立，不愿与他人交往。

3.大学教育

雅斯贝尔斯的大学求学之路，虽然经历了一次转折——从法学之路向医学之路的转变，但是他在每个领域都取得了不错的成绩。特别是哲学领域，成为他奋斗一生的领域。总之，他的大学教育经历是自由而顺利的，可以根据自己的意愿进行学习。

1901 年，雅斯贝尔斯中学毕业。受父亲的影响，他决定去海德堡攻读法学，以便以后当一名律师。在海德堡，他过得非常闲逸。学期结束后，他独自旅行来到慕尼黑，在那里他继续攻读法学学位。后来他在西尔斯玛丽娅疗养，在那里生理学家法诺和艺术史学者科奈利奥非常关心他，教授他医学和精神病学方面的知识。自己的病况和医学兴趣导致他人生的第一个转折——放弃法学而学医。他认为，“倘若我要想成为非凡的天才，就得首先学习自然科学和哲学，从而直接地开创我的学者生涯。我将努力获得哲学博士学位，当然届时我要进一步学习医学，只有以它为基础才能建立起心理学和哲学……可是目前条件仍不具备，我只得先学医学”[①]。

1902 年至 1908 年，雅斯贝尔斯在柏林、哥廷根和海德堡学习医学，其学医之路是比较顺利的。在学习医学期间，他根据自己的病情合理安排作息时间，努力投入医学学习中去，认真做着各种医学实验。他在医学中找到了乐趣，同时他也思考着“人的本质”。1905 年在哥廷根通过医生预考，1907—1908 年在海德堡通过国家考试，紧接着便是一年实习。在这一年中，他完成了题为《乡恋和犯罪》的博士论文。实习后，他于 1909 年 2 月获得医生的开业许可证。而后，在海德堡

①[德]萨尼尔：《雅斯贝尔斯》，张继武、倪梁康译，北京：生活·读书·新知三联书店，1988 年版，第 18 页。

精神病院当助理医生期间，他的无薪要求使得他可以一边工作一边自由地做着自己的研究。他发表了一系列文章，主要涉及怀乡与犯罪、智力测验等方面。

1911 年，雅斯贝尔斯应出版商费尔迪南特·施普林的约请写一本名为《普通精神病理学》的书。面对研究视角复杂的众多的精神病理学文献，结合自己三年多的经验，他试图从中找到一种所有研究者都能接受的视角，去阐释一种大家都能接受的精神病理学。他想借此书明确，人不了解什么，人知道什么，又是如何知道。所以，他对其中的一些问题不仅作了病理学的考察，还进行了哲学审视。1913 年，《精神病理学》问世后不仅获得了同行的赞誉，也遭到了很多人的批判。赞誉者认为，这是一本不同凡响的书。这使它和它的作者在科学史上一举成名并将长久地占有一席之地。其既意味着一种结束，也意味着一种开端……哲学的素养、概念的精确、坚定地尊重事实与彻底拒绝一切思辨统一起来了。批判者认为，他是一个没有信念的研究者，是一个相对论者和虚无论者，《精神病理学》中没有稳定的医学观点，也没有一以贯之的理论。但是此书是雅斯贝尔斯的成名之作，借此书他取得了心理学授课资格。

（二）雅斯贝尔斯的教育实践[①]

雅斯贝尔斯在大学从教时，德国已经从四分五裂的状态走向了统一。在第二次世界大战之前，洪堡（Wilhelm von Humboldt，1767—1835）的改革奠定了大学的科研职能，这一职能一直为德国各大学所传扬，成为同一时期各国大学的学习典范。在这一时期，德国创造了高等教育史上的一个神话，“以研究著称的德国大学在众多的学科中都有卓越的贡献，处于世界科学的领先地位，被看作是世界科学的中心”[②]。而且教学与学术自由使大学出现了百家争鸣的良好学术氛围。“第二次世界大战以前，德国科学家在竞争中占压倒优势。三十五位德国人被选为获奖人（1939 年以前），占全部获奖人的四分之一以上。”[③]在自由的氛围下，德国大学的学术科研水平也在世界范围内享誉盛名。

---

①邢丽娜：《自由的大学——雅斯贝尔斯存在主义高等教育思想研究》，沈阳师范大学 2011 年硕士学位论文，第 14—15 页。

②[以]约瑟夫·本-戴维：《科学家在社会中的角色》，赵佳苓译，成都：四川人民出版社，1988 年版，第 32 页。

③[美]朱克曼：《科学界的精英——美国的诺贝尔奖金获得者》，周叶谦、冯世则译，北京：商务印书馆，1979 年版，第 35 页。

第二次世界大战之前，德国的高等教育虽然处于国家的监管之下，但是国家却确保了大学之内思想的相对独立，并不过多干涉大学内部学术，给予大学充分的科研自由，延续了德国大学的良好传统。

第二次世界大战的爆发使德国的高等教育发展出现了逆流。希特勒所建立的一套法西斯教育体系，几乎使国家和大学的矛盾、学者与当局人员的矛盾、教师和学生的矛盾扩大到了一个极点。“德国当时实施了极权主义的适应战争需要的教育教学措施，从而导致了现代教育的全面倒退和教育精神的沦丧。”[①]希特勒为了保证大学所培育的人才是完全符合国家战时需要的，使其势力完全渗透在大学内，对大学的输入和输出关节进行严格控制，更加采取措施全面监控和主导大学的教学过程，使大学成为巩固其统治的附属机构。

1.二战结束之前的教育实践

1913 年，雅斯贝尔斯转入海德堡大学哲学系，担任心理学讲师，并将哲学纳入“理解心理学”的范畴。1916 年，雅斯贝尔斯任海德堡大学心理学副教授。在任海德堡大学心理学副教授期间，他对心理学产生了浓厚的兴趣，举办了多次关于性格与天赋、经验心理学和变态人格的讲座。1919 年，雅斯贝尔斯出版了他的第一本重要著作《世界观的心理学》，探讨了一种新的哲学心理学，并借助克尔凯郭尔和尼采的某些基本思想，思考了他后来毕生所研究的许多问题。在《世界观的心理学》中，雅斯贝尔斯试图系统地提出人类可能有的一切信仰、世界观和态度。这是他的存在主义哲学的雏形，被他称作“当代存在主义的第一本哲学著作”。他认为，这种心理学不再只是事实和事件的法则的经验陈述，而是心灵上的可能之物的一个轮廓。这个轮廓给人一面镜子，告诉人他能成为什么，能获取什么，能够达到什么境地。这种见识乃是我们达到自由的一种手段，让我们在内在活动中自由选择我们所真正需求的东西。自从雅斯贝尔斯的工作和研究阵地转到了大学，他渐渐离开了医学而踏进了哲学的领地，哲学成为雅斯贝尔斯为之奋斗终生的事业。

1920 年，雅斯贝尔斯成为海德堡大学哲学副教授，并于次年晋升为哲学教

①张斌贤:《外国教育史》，北京:教育科学出版社，2008 年版，第 395 页。

授，开始讲授哲学，潜心于哲学研究。雅斯贝尔斯称，他的哲学与大学里的其他的那些哲学是不一样的，他有权利告诉青年人，什么才是哲学，从而使他们把注意力放在真正的哲学家的伟大之处。因为科学终究不能回答人生的意义问题，凡是在科学里寻找人生意义、行动指南，寻找存在本身的人，基本上都大失所望。于是只好回过头来，再请教哲学。雅斯贝尔斯在年近40岁的时候，才真正开始他的哲学生涯，先当了哲学教授，尔后才开始研究哲学。

在海德堡大学哲学系教学期间，雅斯贝尔斯与德国社会学家韦伯和新康德主义弗赖堡学派代表人李凯尔特过往甚密，这对他以后的思想发展产生了重大影响。雅斯贝尔斯最初是一个游离于占统治地位的哲学派别之外的孤独的奋战者。伽达默尔这样陈述道："海德堡大学当时是居于统治地位的新康德主义的堡垒之一。特别是海德堡在我们这个世纪之初经历了一个国民经济学和社会科学的巨大发展时期，威廉·文德尔班（Wilhelm Windelband）抓住了这个机会，也给海德堡的哲学一个强劲推动。他是率先将康德的超验哲学思想放到所谓文化科学的广阔领域加以扩展的人。作为教师，他把一大批有才华的学生吸引到自己周围……并以准确的眼光判定，对黑格尔哲学的新兴趣正在复苏，并且以黑格尔哲学为核心组成了这个哲学圈子。而在文德尔班的继任者李凯尔特那里更是锦上添花，形成了西南德国的价值哲学学派，并使这种新康德主义的新游戏方式风行全世界。新康德主义的这个学派总的来看没有给自然科学特别是有关人类心灵生活的科学以优先考虑。因此，雅斯贝尔斯在海德堡的这个派别之外孤独地成长着。"①

李凯尔特信奉那种所谓的"科学哲学"，这种哲学要求普遍的约束力和有效性，而雅斯贝尔斯哲学思维的开放性、不确定性和无限可能性是他一切理论的基础，他怀疑并憎恨任何形式的教条主义片面性——这种能力主要源出于一个人本质中深层的驱动，源出于广阔求知欲的内在需要。②这就不可避免地造成了雅斯贝尔斯与李凯尔特之间激烈的思想交锋和公开对峙。诚然，在海德堡，那些辩敌想不拿他当回事都难。所幸一切对抗中同时存在着互相补充的因素。就在李凯尔特身边，雅斯贝尔斯成长起来了，并越来越代替李凯尔特成为海德堡哲

①②［德］伽达默尔：《哲学生涯》，陈春文译，北京：商务印书馆，2003年版，第188—189页。

学界的代表。他的理性、客观、公正使他渐渐赢得海德堡哲学同仁的尊敬。不管系里的风向标偏左还是偏右，他始终秉持中正的立场。当然更令人青眼相加的是他的哲学成就，1931年《时代的精神处境》宣告了他与李凯尔特对峙的最终胜利。在这本书里，雅斯贝尔斯第一次发出了他作为道德家的声音。[①]雅斯贝尔斯的追问是不带强制的结论性的，而是指引我们带着对自身存在条件和条件性的清晰认识做出选择和决定。[②]这与他在教育上重视人的自主选择和行为的主张，即提倡学习自由的主张相吻合。

几乎同时出版的三卷本《哲学》则充满了沉思的气息，这是雅斯贝尔斯经过10多年努力的结果，是德语中存在主义哲学的最系统的表述。雅斯贝尔斯之所以把这部著作命名为《哲学》，是因为它就是哲学。在他看来，只有实践的哲学，即行动哲学或人生哲学才具有真正的哲学的意义。而《哲学》正是这样一种哲学，是对人的自由问题的理解，是对人的生存方式的探讨。雅斯贝尔斯希望这部著作能够指明人的生存的思维空间。《哲学》三大卷的标题分别是“世界的哲学展示”“生存的阐明”和“形而上学”。雅斯贝尔斯对这三卷的内容分别作了解释，在世界的哲学展示中，借助一种必然的超越，认清了一切实存的表象（卷一）；越过这一基础，在生存的阐明中认识到了自己到底是什么以及可能是什么（卷二）；最后，在形而上学中越过这两个前提而走向超越存在，追寻着诸条思维之路，循此存在本身便将其自身展现（卷三）。在此，雅斯贝尔斯简要地概括和说明了他的存在主义哲学的整体结构及其基本思想线索。雅斯贝尔斯以后的一些哲学著述，都是对这些内容的进一步引发和阐释。

1935年，雅斯贝尔斯出版了另一部重要著作《理性与生存》，这本书系统地阐述了他的“哲学逻辑”，实际上全面说明了他对当代哲学基本问题的看法。他的哲学逻辑自觉地属于新唤起的哲学思维。1938年，雅斯贝尔斯的又一部重要著作《生存哲学》问世了，这本书实际上是他的《哲学》的简写本，也是我们借以了解雅斯贝尔斯存在主义哲学的一本入门读物。[③]

①[德]伽达默尔：《哲学生涯》，陈春文译，北京：商务印书馆，2003年版，第193页。
②[德]伽达默尔：《哲学生涯》，陈春文译，北京：商务印书馆，2003年版，第195页。
③徐崇温：《存在主义哲学》，北京：中国社会科学出版社，1986年版，第240页。

1933 年，德国纳粹党上台。在希特勒法西斯执政期间，雅斯贝尔斯由于其妻子是犹太人而遭遇了艰难的处境，被称作“国家的敌人”，但他仍然不肯向纳粹的说教低头和让步。同年，他被剥夺讲学权利，解除教授职务并被逐出大学，还被禁止出版任何著作。1942 年，雅斯贝尔斯被允许移居瑞士，但他的妻子被禁止与他同往，因而计划中断。1945 年 4 月 14 日，纳粹政府决定放逐雅斯贝尔斯，但早在 1945 年 3 月 30 日美国军队就攻占了海德堡，致使纳粹政府的放逐计划没有实现。德国战败，纳粹统治的时代随之结束了，对他和妻子的迫害也随之结束。

2.二战结束以后的教育实践

1945 年，第二次世界大战结束，德国战败。雅斯贝尔斯回到大学，重新赢得了教职，而且成为大学首席评议员，负责成立大学重建筹备委员会，重新建立战时关闭的大学。他积极参与各种社会政治活动，为灾难深重的国家奔走呼喊，重振国家的大学教育事业。但是由于历史原因他并没有完成他心中重建德国大学的蓝图。

1946 年，他出版了揭露德国严重罪行的《罪责问题》一书，要求德国承担起应尽的责任，确保德国民众建立起更富道德责任感的民主社会。同年，雅斯贝尔斯撰写了《大学之理念》一书，要求对大学所有的教学人员进行彻底的非纳粹化。

1948 年，雅斯贝尔斯接受了巴塞尔大学的聘请，出任巴塞尔大学的教职，迁居瑞士。他在巴塞尔大学任教 13 年，于 1961 年正式退休。在巴塞尔大学的这 13 年里，雅斯贝尔斯过着逍遥的隐士生活。他感到生活在这样一个既具有伟大传统又没有遭受劫难的城市里是非常舒适的。在巴塞尔大学他非常受欢迎和尊重，地位也甚高。在此期间，他笔耕不辍，完全沉浸在自己的哲学事业之中，自由的氛围给他的创作带来了灵感，也使他在哲学上的成就达到了一个高峰，硕果累累。《论真理》《哲学信仰》《论历史的起源和目标》《哲学引论》《理由与展望》《大哲学家》《哲学与世界》《自由与重新联合》等是这一时期他的代表作。他的哲学被人称为存在主义哲学，他自己也被后人认为是存在主义哲学的“两座高峰”之一。

1966 年，雅斯贝尔斯因出版《德国往何处去》一书而饱受同胞的非议。1967年，他愤而退还德国护照，加入瑞士国籍。1969 年 2 月 26 日，这位存在主义大师在瑞士的巴塞尔去世。

纵观雅斯贝尔斯的一生，他在大学工作了 48 年，从事过多门学科（主要是哲学）的教学，参与过大学的管理工作，是第二次世界大战后德国海德堡大学重建工作的主持人。在日常工作中，他积极参与大学的教学、教育和管理的改革，为恢复大学自治、学术自由的“大学观念”积极奋争而不遗余力。他的教学效果甚佳，深受学生的欢迎。他一生著述丰富，出版 30 余本专著，其中有两本论述教育的著作，一本是《大学之理念》，另一本是《什么是教育》。

第三章

雅斯贝尔斯本真教育的本质观

一、教育本质的应然与实然[①]

教育本质问题是教育理论研究中的一个有争议的问题。有的学者认为,这一争议无法根治的主要原因之一,在于将教育本质变成“教育是什么”和“教育应当是什么”。这样在定义教育本质时,就出现了两个本质。一个本质为真实存在的客观的东西,即“实然”的教育本质;另一个本质为应当存在的,带有规范性、价值性的主观的东西,即“应然”的教育本质。出现“实然”与“应然”两个本质,违背了唯物辩证法本质是客观的原理。[②]认为将教育本质问题变成“教育应当是什么”,在一定程度上反映了人们对教育本质的认识停留在这样一种思维模式上——以价值判断代替对本质的客观描述。

本书认同有些学者的观点,将“实然”与“应然”的教育本质统一起来,共同构成教育的本质,是基于以下思考。

首先,不管人们怎么界定教育,教育是培养人的一种社会实践活动,这是不可否认的。在原始社会,教育的产生来源于上下代之间有意识的生产、生活经验以及原始的宗教文化意识的口耳相传。这体现了原始的“教育是什么”的“实然”的教育本质。同时,这种广义的教育培养出来的人,不可能游离于社会之外,他们必须适应或满足社会生产和生活的要求,否则人类便不能走向文明。这说明“人才的培养”要符合社会要求的标准,这种人才的规格就体现了人们最初的价值选择。教育的初始阶段就体现了“教育应当是什么”的“应然”的本质。

其次,人类到了阶级社会,随着学校的产生,出现了广义的教育和狭义的教育之分。狭义的教育除了客观的现象和本质之外,集中反映了教育的阶级性。因为学校教育是由统治阶级来组织实施的,他们进行教育的目的除了满足社会的

①王振达:《论科学发展观视阈中的教育本质》,复旦大学 2009 年硕士学位论文,第 9 页。

②周鸿、金华宝:《悖论、反思与回归:教育本质刍议》,《辽宁教育学院学报》2001 年第 3 期,第 37—40 页。

需要之外，还要为维护其统治服务。强烈的价值取向渗透到学校教育的实践之中，在研究教育本质时，就不可能对这些价值判断视而不见。

最后，对广义的教育和狭义的教育的本质的研究，不仅要立足于教育本身的相对独立性——“实然”的教育本质，还要立足于教育与社会、教育与人的关系——“应然”的教育本质。

（一）教育市质的应然[①]

1.本质

（1）本质的内涵

本质是一个哲学范畴，它具有普遍意义。辩证唯物主义认为，本质就是事物的根本性质，是组成事物的基本要素之间的内在联系。事物的本质是由它本身所固有的特殊矛盾所决定的。“本质由事物的内在矛盾构成，是事物的比较深刻的一贯的和稳定的方面。”[②]一事物的根本性质，对于该事物来说，就是它本身的特殊本质；对于其他事物来说，就是它们之间的本质区别。本质和必然性、规律性是同等程度的范畴。但比较起来，本质的含义要更宽泛一些，它是事物内部所包含的一系列必然性、规律性的综合。“本质从整体上规定事物的性能和发展方向。”[③]本质的存在决定了事物的存在。一事物本质的缺失就表明了该事物的不复存在。但是，事物的本质并不是事物的全部。也就是说，事物的存在不仅需要本质的必然存在，还需要诸多非本质的质和非质等要素的必要存在。

（2）本质与现象

本质与现象是相对的，它们是揭示事物内部联系与外部表现相互关系的一对范畴。就本质与现象的相对关系而言，本质揭示了事物的内部联系，它决定了事物的性质和发展的趋势；现象揭示了事物的外部联系和表面特征，它是事物本质的外在表现。本质和现象是对立统一的。世界上没有离开现象的本质，也没有离开本质的现象。本质寓于现象之中，并通过现象表现出来。现象受本质支配，是本质的外部形态。简单地说，本质决定现象，现象蕴藏着本质。同时，本质

①马治国:《网络教育本质论》,东北师范大学 2003 年博士学位论文,第 200—204 页。

②《辞海》编辑委员会编:《辞海·哲学分册》,上海:上海辞书出版社,1980 年版,第 81 页。

③《辞海》编辑委员会编:《辞海·哲学分册》,上海:上海辞书出版社,1980 年版,第 84 页。

和现象是有差别和矛盾的，本质是比较单一、稳定、深刻的东西，现象是比较丰富、多变、表面的东西。可见，本质是内在的、根本的、起决定作用的，是通过现象体现出来的。现象则在表现着本质和非本质。

（3）本质与质、属性

首先，质与属性。一事物的质是一事物区别于其他事物的内部的规定性，质与事物是直接同一的，一定的质就是一定的事物。质是人们区分、认识具体事物的客观依据。质往往通过该事物与其他事物的关系、通过事物之间的区别表现出来。事物之间的联系是复杂的，因而事物的质常常表现为多种多样的属性。“属性指事物的特性、特征，包括形态、动作、关系等。属性是事物本身固有的性质，是由该事物的内部矛盾所决定的。”①可见，属性是质的表现，它通过事物之间的相互联系表现出来。如，书籍在与其他事物联系过程中表现为知识、艺术品、商品、工具等；质是事物的内在规定性，是属性的规定性；事物的质和属性都不是唯一的。

其次，本质与质、本质属性。恩格斯曾经指出，在现实世界中，没有同事物相脱离的纯粹的质，而只具有无限多的质的物体。也就是说，一事物的质是多方面的、多个的，甚至是无限多的。对质的认识是源自现象，源自质所依附的事物。在这些质中，对事物起着最根本的内部规定作用的质，就是事物的本质。事物的本质在其外部联系中又往往表现为多种多样的本质属性。可见，事物的本质是唯一的、内部规定的，而质有多个，甚至有无限多个。本质属性是在事物与其他事物的联系中表现出来的，本质属性是事物内在本质的外在表现形式，本质决定着本质属性。本质是唯一的，而本质属性却是多个的。

2.教育本质

（1）教育本质研究中的界说

从1978年以来，关于教育本质的研究受到广泛的重视。据不完全统计，从1978年至1995年，关于教育本质的观点就有28种之多，诸如“生产力说”“上层建筑说”“多重属性说”“社会实践说”等。②从统计者的分析来看，这些关于教育

①刘延勃：《哲学辞典》，长春：吉林人民出版社，1983年版，第658页。

②瞿葆奎：《教育基本理论之研究（1978—1995）》，福州：福建教育出版社，1998年版，第163—164页。

本质的观点多数是在教育属性的层次上的研究，如“生产力说”“上层建筑说”“双重属性说”“统一说”“多重属性说”“社会实践活动说”“产业说”“非产业说”等。

但是，这些观点是在教育与社会的统一的思维逻辑下提出并发展的，却忽略了教育与社会之间还存在着对立的一面。有些观点是关于教育目的的，如“社会化说”“个性化说”“培养人说”“知识传递说”等。近年来，又出现了一些新的教育本质说，如“促进自我生成说”“‘教育是人类价值生命的中介’说”“泛教育论”“沟通说”等。

（2）教育本质研究中的“错位”

关于教育的本质存在多种界说，然而教育的本质却是唯一的。之所以会出现如此现象，其中一个重要原因在于，人们在讨论教育本质的过程中，有时就教育论教育，而忽视了教育存在于社会和人之间，忽略了关于本质、属性等的哲学意义的研究。因而导致在教育本质的研究过程中的一些“错位”现象发生。

有学者认为，教育本质研究中存在教育本质与教育现象的错位，教育本质属性与教育非本质属性的错位，教育本质与教育归属的错位，教育本质与教育功能和价值的错位，教育本质与教育目的及目标的错位，教育本质与教育规律的错位，教育本质与教育意志的错位，教育本质与教育规范的错位。①

还有学者认为，教育本质研究也存在这样一些“错位”现象：a.无论是“上层建筑说”或“生产力说”还是“双重属性说”，论争者的视角都在“社会”而不在“人”，是在“社会本位”的框架中寻求一个更为狭窄的视角。b.论争中存在着逻辑学方面的常识性错误，如违背思维同一律和论证规则；没有“种差”，只有属概念，不相称、非全同概念，循环定义；人为地扩大或缩小教育本质规定的内涵；并且有违背哲学方面的常识性错误，如将意识形态的概念与上层建筑的概念相混同。c.论争中有“非此即彼”僵化孤立的问题和形而上学的思维倾向，也有庸俗辩证法倾向；引用经典著作时，存在抓住只言片语，误解精神实质和望文生义的现

①马治国：《网络教育本质论》，东北师范大学2003年博士学位论文，第203页。

象。d.在对属概念的揭示上，基本上处于经验性思维阶段，获得的思维成果是揭示教育的质的抽象概念，但同时对抽象概念进一步作加工整合的理论思维又不充分，这一阶段的追求表现为“多样性的统一”的具体概念尚未产生，这也是造成教育本质探讨众说纷纭的原因。e.缺乏历史感和立体感，缺乏对“教育”的现实存在形态的具体分析，缺乏对“教育”一词的日常生活语言分析，缺乏对分析教育哲学的借鉴和运用，思路似单薄而不宽泛，使得论争既欠丰满又难以深入。①

从上面描述的诸多界说和“错位”中可知，教育本质研究中出现的问题之根本原因在于，一方面是对哲学视界的本质研究不够充分，对质和属性、本质和本质属性的认识不够清晰；另一方面是在教育本质与教育价值的认识上存在混淆，不能够坚持辩证唯物主义和历史唯物主义的根本立场，从而导致将教育的主观价值取向掺杂于其中；再有就是对“教育本质是什么”和“教育是什么”的认识上存在着误区。

通过上述分析，进一步明确研究事物本质的基本路线：从分析事物的现象出发，由事物的内部联系入手，去发现事物的特殊矛盾、根本矛盾，从而揭示决定事物的性质和发展的、组成事物诸要素之间的根本联系。沿着这条路线来回答教育本质究竟是什么的问题。

首先，教育的本质有广义教育的本质与狭义教育的本质之分。

其次，广义教育的本质是影响人的社会活动。其一，教育是人类社会的活动，这是与动物界的（教育）活动区别开来的，这也是由人的本质与动物的本质的区别所决定的。其二，教育与其要素之间的根本联系——教育受人以及人所创造的物质和精神的影响而与其他社会活动区别开来。

最后，狭义教育的本质是促进人的发展的，而人发展的根本在于人的学习。所以说，狭义教育的本质是一种学习活动。换句话说，没有人的学习就没有狭义教育。这既是教育诞生的根源，又是人类教育的追求，更是狭义教育的基本要素

①瞿葆奎：《教育基本理论之研究（1978—1995）》，福州：福建教育出版社，1998年版，第202—203页。

之间的根本联系，也是由狭义教育的特殊矛盾所决定的。

（二）教育本质的实然[1]

1.当下教育中"人"的缺失

（1）"知识"本位的教育观忽视人的主观能动性

长期以来，我国的教育忽视了以"人"为本。在"左"的思想的影响下，尤其在"文化大革命"中，以政治运动为本，以阶级斗争为本，在"文化大革命"后一段时期内又以经济建设为本。教育的指导思想则是以知识为本。这种"以政治为本""以经济为本""以知识为本"的观念，严重削弱了以"人"为本。

现代教育从表面上看是以"人"为本，即所谓培养人才，但归根结底教育的目的仍然是通过人才获得技术，所以人才不是作为"人"而存在的，而是作为一种能够创造技术的"工具"存在的。把获得技术的"工具"作为最高目的的教育，显然是以"物"为本的。[2]今天的教育只是把人当作工具，把人培养成"现代机器"。有些学者尖锐地指出，教育最大的失误在于教书不育人，仅注重"如何而生"的教育，而忽视了"为何而生"的教育，即人为什么活着？活着为什么？[3]以知识为本的现代教育中，把人异化成了工具和手段，学生成为装载知识的容器，而教师则成为制作这种机器的机器。

由于传统教育思想对"知识"理解的局限性，一般认为知识是一些既成的事实、规则、定理，教育的主要任务就是使学生掌握这些知识。传统教育思想把知识理解为：

第一，知识是前人的经验，是预设的，而非个人主体发现的，个人的努力只是对已有知识的掌握。

第二，所有知识都被认为是正确的，特别是写在教材上的知识，都是"圣人之言"，正确无误。

①王振达：《论科学发展观视阈中的教育本质》，复旦大学2009年硕士学位论文，第15—23页。

②李丰茂：《重建以人为本的教育观》，《职业技术教育》2006年第4期，第18—20页。

③杨德广、朱炜：《"以人为本"的教育观述略》，《现代大学教育》2004年第4期，第1—6页。

第三，赋予知识以人格，即知识和人的品行联系在一起，即知识的可靠性和权威性与人的地位和威望相联系。

传统教育思想对知识理解的局限性，致使教育活动忽视了知识的主体——人，把人等同于物，忽视了人的主观能动性。人们忽视了人之所以学习知识，并不是为了知识本身，为了学习知识而学习知识，而是为了能够完善自我，是人自身的一种需要。人一方面要把学习的知识转化成人的能力，并将所学知识运用于实践；另一方面要通过学习知识改造自身。教育的最高目标是教会学生自学。其一，忽视“人”，以“知识”为本位的教学观直接导致人的创造性的夭折。众所周知，中国的基础教育的成绩在世界上是名列前茅，这从参加历年国际中学生奥林匹克竞赛中取得许多奖项就可以看出。然而，我们在为培养出无数“神童”欢呼雀跃的时候，西方国家却连续不断地获得诺贝尔奖项。[①]其二，“知识”本位的教学观，导致学生学习的知识没有转化为能力。正如罗斯福所说：“只教孩子知识，而不培养其心灵，只给社会培养一堆麻烦。”其三，“知识”本位的教学观很容易演变为以“考试”为本的教学观，尤其是在高考指挥棒下的教育更是如此。学生学习知识的直接目的就是为了应付考试，为了考各种证书。以“考高分”为目的的教学观又导致学生产生严重的功利思想。据《河北省高校人力资源现状及未来发展研究》课题组的调查报告，通过对部分大学生的问卷调查可知，60%以上的大学生认为读书仅仅是学习的需要，不到5%的大学生完整地读过中国四大名著，90%以上的大学生认为英语等级考试、计算机能力测试用书是必须去读的，50%以上的大学生正在读的书是学习用书或一些励志书、成功人物传记，如《谁动了我的奶酪》《杰出人的七个习惯》等。

(2)重智育发展的教育观忽视人“全面而自由”的发展

以知识为本的教育观，强调发展学生的智力是重中之重。但是，人的发展不仅需要智力发展，还需要德、体、美、劳等方面的自由发展，这样人的发展才能协调统一。马克思指出，个人的全面发展正是共产主义所向往的，并且鲜明地提出共产主义社会是人类历史上唯一的以个人的全面而自由的发展为基本原则的社会形式，认为未来社会形态是自由人的联合体，每个人的自由发展是一切人的自

①齐欣、赵田峰：《中国教育调查》，北京：九州出版社，2005年版，第20页。

由发展的条件。马克思提出的人的“自由发展”，就是指以人为本的全面发展，即“人的一种全面的方式，也就是说，作为一个完整的人占有自己的全面本质”①。教育要培养的是全面而自由发展的完整的人，而不是不完整的人。

世界各国对人才培养的素质要求都是整体的综合素质，并不是单一的片面要求。例如，日本对人才素质的要求是：a.有高度教养和出色人品；b.能对社会发展和增进福利做出贡献；c.有独创性；d.具有解决人类面临的环境遭到破坏、人口爆炸、民族冲突、贫困和饥饿等复杂问题的能力；e.培养“世界通用的日本人”。②而我国传统的重学生智力发展，轻德育、美育、体育、劳动教育整体发展的教育，只能培养片面发展的人。具体表现为以下几个方面。

a.学生的道德水准滑坡

青海省村民陈邦顺靠卖血供儿子上了四年大学，结果儿子由于多门功课不及格被开除。又如青少年暴力犯罪在不断上升，吸毒、网络犯罪率也在不断攀升……一桩桩案例、一组组触目惊心的数据像皮鞭一样抽打着我们的神经，道德在青少年中的流失已经向我们敲响了警钟。③根据北京大学康树华教授的调查，1965年青少年犯罪在整个社会刑事犯罪中约占33%，其中大学生犯罪约占1%；“文化大革命”期间青少年犯罪开始增多，占到了整个刑事犯罪的6成，其中大学生犯罪占2.5%；而近几年，青少年犯罪占到了社会刑事犯罪的70%，其中大学生犯罪约为17%，大学生犯罪的形势日益严峻。④司马光曾说：“才者，德之资也；德者，才之帅也。”品德是一个人的本质，品德的优劣关系到教育所培养的人是对社会做出贡献，还是危害社会。

b.学生的身体健康危机

在以知识为本位的教育观的指导下，学生为了学习更多的知识（即考出更好的成绩），牺牲了本该用来锻炼身体的时间，埋头苦读。教师也认为，体育健身又

①杨德广、朱炜：《“以人为本”的教育观述略》，《现代大学教育》2004年第4期，第1—6页。

②仇忠海：《“全面发展，人文见长”的学校教育》，北京：教育科学出版社，2004年版，第11—13页。

③齐欣、赵田峰：《中国教育调查》，北京：九州出版社，2005年版，第21页。

④王学峰：《从大学生犯罪看大学教育的缺失》，载《黑龙江高教研究》2005年第11期，第124—126页。

不用作考试的评价标准，因此经常占用体育课来给学生上文化课。实际的结果却是学生的成绩并没有得到预期的提高，而学生的身体素质却每况愈下。教育部2003年发布的《2002年学生体质健康监测结果公告》的数据表明，我国学生"部分身体素质指标水平继续呈下降趋势"，与2000年相比，"我国学生的速度、爆发力、力量等素质"在与1995年相比下降的基础上继续下降。据统计，中国儿童中有100万人患有近视、弱视。其中近视率所占比率为小学生21%、初中生43.6%、高中生66.5%。2003年武汉某大学在新生军训的第一天就有十几名学生由于体质差而发生呕吐甚至发生昏厥，军训的标准不得不一降再降。①由此可知，学生正以牺牲自己的健康为代价，获得所谓弥足珍贵的分数。

c.学生的心理健康危机

以知识为本的教育观，把考试成绩放在首位，成绩优异的学生就是教师和家长心目中的好学生，就是同学的榜样。这样的观念很容易让成绩好的学生形成骄傲自大、目中无人的心理，成绩不好的学生则易形成自卑、沮丧、自我封闭的心理，造成种种学生心理健康危机的表现。

1999年，北京师范大学的纪宏教授曾在1378名大学新生中做过调查，结果显示偶尔有自杀想法的学生占25%，经常有此想法的占7%。"大学生中存在中度以上心理卫生问题的学生占16.51%，"这是2003年《北京市高校学生心理素质状况及开展心理素质教育工作的研究报告》调查的结果。学生的心理健康出现危机有很多原因，包括学校、家庭、社会等方面。但是，学生的心理健康教育确实没有引起学校教育的过多重视。据统计，现在有76.44%的学生认识到健康应该包括"心理健康和社会适应能力"方面的内容，但对具体的心理健康有85.56%的学生不明白其具体内容。对于心理健康标准问题，无论是城市学校还是乡村学校，无论是重点学校还是普通学校的学生都知之甚少。②

（3）重灌输轻互动的教育观忽视了学生的主体性

主体性，是在一切对象活动中，人作为主体与客体相互作用而表现和发展起

①齐欣、赵田峰：《中国教育调查》，九州出版社，2005年版，第7—8页。

②齐欣、赵田峰：《中国教育调查》，九州出版社，2005年版，第16页。

来的功能特征，是主体与客体在人的实践活动中的统一，是人的本质力量的表现。而传统的教育方式却忽视了学生的主体性。[①]传统的课堂教学形式主要是填鸭式的教师“一言堂”的形式，教师教什么，学生就学什么。这种课堂教学必然导致以下问题。

第一，重理论，轻实践。学生在课堂中记住一大堆干巴巴的文字符号，而没有理解其中的实际内容，学习便是机械地记忆学习，这也是导致学生厌学的一个重要原因。

第二，重结论，轻过程。传统教育把知识看成认识的结果和经验的系统，这种静态的知识观，在课堂教学上，表现为教师提供简单、现成的结论，抹去了其中有丰富内容的思维过程。这是一种形式上走捷径的教学，把形成结论的生动过程变成单调的条文背诵，从根本上割裂了知识与智力的内在联系。杜威认为，教育过程之外无目的。可是知识灌输型的教学模式只能以书本为中心，以教师为权威，受教育者只是一个带着耳朵的复制机器，谁能够有效复制书本和教师所教的知识谁就是好学生。这种填鸭式教学模式产生的效果并不理想，所以应该推广研究性学习。研究性学习的宗旨是培养学生的创新意识、创新精神和创新能力。研究性学习是一种学习方法，而不是科学研究。可是，如今的研究性学习已经流于形式。有些学校采取单课突击的方式，尤其是以理工科的突击为主，在教师的冲锋陷阵中，在学生的大力“配合”下，学生的知识面被拓宽，难度被加深，终于在竞赛中获奖，这就被冠以研究性学习的成果了。其实无论是“一言堂”教学模式，还是研究性学习，都从某种程度上忽视了学生的主体性，把学生看成物，忽视了学生的情感、兴趣、需要，使学生产生依赖，奴性思想严重，导致学生责任感和使命感的缺失。

以教师和教材为中心的课堂教学，学生对教师言听计从，这给学生造成了不良影响。首先，学生责任感的缺失。忽视了学生主体性的教学方式使学生不能自由选择想要学习的知识。学什么、怎么学，以及学完后得到什么评价，完全由教师决定，学生日益产生了对教师的依赖感。既然学生没有主动权，也就不会承担

①何根海：《应全面理解以人为本的教育理念》，《池州师专学报》2006 年第 4 期，第 88—95 页。

后果，就会逐渐丧失责任感。其次，学生使命感的缺失。学生责任感的日益缺失，导致学生使命感的缺失。当代学生更关注的可能是个人的发展前途和幸福，而极少关注国家大事和民族大义，似乎国家大事、社会责任都与自己无关，没有了古人“先天下之忧而忧，后天下之乐而乐”的大气和“天下兴亡，匹夫有责”的正气与傲骨。

（4）传统的师生关系导致学生独立人格的丧失

传统教育中的师生关系是一种不平等的人格关系。教师不仅是教学活动的控制者、教学活动的组织者、教学内容的确定者、学生成绩的评判者，还是真理的化身和绝对的权威。在教育教学活动过程中，教师是一个绝对的中心。正如美国教育家拉特纳在为杜威教育文集《今日的教育》一书写的序言中指出的那样：传统教育中“教师的权威是绝对的，它必是命令的，而不是商讨和说服的，他的需要和决定，不管用什么方式表达出来，不管是请求、命令还是训令，都必定是毋庸置疑的。凡是教师所宣布的，便得毋庸置疑地、严格地视为天经地义，而且学生便得立刻和完全视之为对的，一个教师便等于一修正州长”[①]。

教师的绝对权威，导致学生的唯唯诺诺、唯命是从，丧失了自我意识和独立人格。据北京市1998年大学生人格健康状况调查显示，存在中度以上健康状况问题的学生达到16.5%。在对北京市某重点理工科大学一年级2205名学生的调查中，明确诊断为人格障碍的病例共55人，患病率为2.5%，远高于国内过去已有的相关调查。[②]教师应该是学生学习的参与者、合作者，师生之间应该是一种平等的伙伴关系。古人常说的“教学相长”“弟子不必不如师，师不必贤于弟子”“青出于蓝而胜于蓝”就是这个道理。在以教师为中心的师生关系中，学生只能是顺从的“羔羊”，没有了自信、自尊和热情，逐渐丧失了批判精神，久而久之就没有了自我意识，不能形成独立的人格。在学习的过程中，学生也就不会有智慧

①张羽程、费向阳：《关于当代大学生责任教育缺失的思考》，《江苏技术师范学院学报》2007年第3期，第76—79页。

②周宏岩：《论学校在人格教育上的不足及对策》，《北京化工大学学报》2002年第2期，第38—42页。

的灵感闪现，不会有创新的热情和意识。

2.当下教育中“人”缺失的原因

(1)教育理性工具的畅行

有学者指出，传统教育以社会为本位，视政治、经济为社会根本，视教育为政治、经济的附庸与工具。教育的作用指向人，虽然理论上认为人不是环境与教育的消极产物，人具有主观能动性，能改变客观世界，但具体论述三者关系时则总是断言——社会决定教育，教育决定人，这似乎已成金科玉律。当然，这是我国社会主义建设的需要，有助于根据社会的需要改革教育与培养人才，以便为社会主义建设服务。但是，这种单向度的机械决定论必然导致教育的附庸化、工具化、强制化、简单化和窄化，扭曲了教育的本真与特点，丧失了教育的相对独立性与自主性，使教育不能按其自身特点与规律得到充分发展，严重影响了教育的作用与质量；也必然使造就的青少年儿童工具化、奴化、物化，成为因循守旧、不思创新与变革的庸人。①

教育要适应社会政治、经济的教育适应论，必然影响我国的教育方针政策。例如，1993 年中共中央国务院印发的《中国教育改革和发展纲要》规定：“必须坚持党对教育工作的领导，坚持教育的社会主义方向，培养德、智、体全面发展的建设者和接班人。”1995 年第八届全国人民代表大会通过的《中华人民共和国教育法》再次强调：“教育必须为社会主义现代化建设服务，必须与生产劳动相结合，培养德、智、体全面发展的社会主义事业的建设者和接班人。”②由此可见，我国的教育是要培养能为社会主义做出贡献的建设者和接班人，强调了教育的适应性。1986 年党的十二届六中全会通过的《中共中央关于社会主义精神文明建设指导方针的决议》正式提出了社会主义精神文明建设的根本任务是“培养有理想、有道德、有文化、有纪律的社会主义公民”。2001 年中国共产党建党 80 周年庆祝大会上的讲话中再次重申“培养一代又一代有理想、有道德、有文化、有纪律的公民”③。较之先前的“建设者”和“接班人”，这里的“公民”有一定的进步意

①王道俊、郭文安：《主体教育论》，北京：人民教育出版社，2005 年版，第 6 页。

②扈中平：《教育目的论》，武汉：湖北教育出版社，2004 年版，第 189 页。

③扈中平：《教育目的论》，武汉：湖北教育出版社，2004 年版，第 192 页。

义,但是仍然没有摆脱教育适应论。

在我国改革开放的市场经济条件下,市场需要大量的人力资源,这些人力资源必须懂技术、懂知识,用人单位用学历证书、资格证书来评价一个人是否有文化、有技术。因此,教育要适应当前的社会环境,就把传授知识和技术作为教育的核心内容。人的需要、情感、精神、审美、人格教育等被忽略,教育失去了自身的特点和独立性,人也就沦为了理性工具。其实这种理性工具的畅行也不是偶然的。

改革开放以来,我国经济发展已经初见成效,国力大幅度增强,人民富裕了,国际地位也提高了。基于社会的需要,教育要提供能够发展社会主义经济的人才也是顺理成章的。但是,在发展经济的同时,也要认识到一个社会的文明程度不仅是由经济因素决定的,更取决于国民的文化程度。随着社会的发展,人的存在越来越受关注,人的工具化只是社会历史发展的一个过渡阶段,最终还将回归教育和人的本真。

(2)现代教育自身的危机

长期以来,教育着力于教会人“何以为生”的知识与本领,忽略或放弃了“为何而生”的教育,不能让个体从人性、人生和人的存在意义与价值等根本问题上去认识和改变自己。教育仅按现实存在的物质世界这一外在尺度来塑造人,教人追逐、适应、认识、掌握、发展外部物质世界,必然抛弃了用人的自由这一内在尺度来发展人。把一切教育的无限目的都化解为谋取生存适应的有限目的。因为教育所培养的人不能正确理解“为何而生”,所以一切“何以为生”的知识与本领的发挥就陷于盲目而难以符合人性之根本。

教育危机的产生有其社会根源。市场经济运行过程中,人们受利益驱动,屈从于外在物质的制约,更多地在实用主义和功利主义层面思考问题,寻找人生的答案,而不再去寻找超越现实利益的生活意义、理想、信仰与终极关怀。同时,市场经济的不确定性使人的生活表层化、功利化、短暂化,不再愿意去思考那些具有永恒意义的价值。此外,由于对科学理性的盲目崇拜,现代人把派生的科学世界的教育当作“教育”本身,认为科学世界的教育就是人的全部教育,而那更为根本的生活世界的教育却不知不觉地被遗忘了。[①]

现代教育危机的种种表现与“以人为本”的教育理念是背道而驰的。科学的教育理念不仅教人“何以为生”,更是教人“为何而生”,人不能成为知识、技术的附庸和工具,人是知识和技术的主宰和支配者。在市场经济环境下,社会变得浮躁,人变得功利,教育成了人追求欲望的工具,失去了往日的尊严。科学的教育理念尊重人的选择,按照人的身心发展规律和需求办教育。“以人为本”教育理念的落实并非一句口号,真正落到实处还需要整个社会、学校、家庭的共同努力。

(3)受我国历史上狭隘成才观念的影响

我国教育中“人”的缺失,有着深刻的历史、文化因素。历史上中国人就把读书与做官等同起来,“万般皆下品,唯有读书高”的观念非常流行。书读得好,就可以做官,而做官就可高人一等,就有社会地位。从科举制废除直到今天,在人们心目中读书上大学也还是改变人生处境最好的途径和方法。似乎学历越高,就越是一个人才,就越有价值,越有前途。在这种“读书至上”文化的长期熏陶下,每个中国人都有一种异乎寻常的“进取心”,每个人都想通过读书出人头地、光耀门楣。这种文化心态诱使人们通过读书去追求成功,这无疑加大了读书考试的竞争激烈程度。在注重素质、能力的当下,这种狭隘的价值观与成才观将不利于社会的发展与进步。

有人认为,我国的高等教育事业落后,不能满足广大人民群众接受高等教育的需求,是基础教育无“人”的主要原因。这种说法不完全正确,高等教育的供求矛盾只是基础教育无“人”的表层原因,并不是根本原因。我国高等教育事业发展迅速,大学招生率有了大幅度的提高,但这并没有让片面追求升学率的应试风气“降温”。相反,由于就业压力加剧,高考已由考大学的竞争演变成上名牌大学的竞争,应试教育有愈演愈烈的趋势。

①易元祥:《现代教育的缺失与反思》,《现代教育科学》2002年第5期,第41—43页。

二、雅斯贝尔斯本真教育的本质观之人的回归

(一)雅斯贝尔斯存在主义哲学中的“人”①

1.返归本原,成为真人

雅斯贝尔斯的哲学的中心问题是人的本质问题。他认为,在世界上只有人才是可以接近的实在。人是一个所在,在这个所在并且透过这个所在,任何实在的事物才完全存在。不能成为属于人类的,就归于虚无。因此,人是什么以及人能成为什么是人类的一个基本问题。

康德曾提出四个极其重要的哲学基本问题:a.我能够知道什么?b.我应该做什么?c.我可以希望什么?d.人是什么?雅斯贝尔斯认为,在他生活的时代这些问题又以新的形式被重新提了出来。这些问题的形式之所以改变,是所处的时代所产生的生活方式使然。

雅斯贝尔斯敏锐地感受到了他那个时代的一些特点及其各种复杂的社会矛盾。这些特点和矛盾集中地表现为人性的丧失,他概括为:人显然是在走向虚无。雅斯贝尔斯描绘了他那个时代一幅可怕的画画:技术的发展使人丧失了自己,成了机器的一个功能,可以像机器零件一样随意配换;科学的发展产生了科学的迷信和对科学的极度憎恨,原子弹正在威胁着整个人类世界;人们都成为政治机器的牺牲品,在这种政治机器里,好像只是一些无情的官僚主义的公务人员在办理例行公事,一切人都将在这样的政治机器之下被碾得粉碎;人仿佛就是一张纸,仅仅一份证明书、身份证、判决书、等级划分证件就能使人获得幸运,使人受到限制,使人遭到毁灭;人的生存、工作和生活方式,仿佛都处于不可预料的外来势力的支配之下。

雅斯贝尔斯认为,技术和政治已经把几千年传留下来的精神状态几乎完全摧毁了。再也没有人生理想了,再也没有使大家相互之间同仇敌忾的东西了。西方的共同意识,只能用三个否定来加以标志——历史传统的崩溃、主导的基本认识的缺乏、对不确定的茫茫将来的彷徨苦闷。

①徐崇温:《存在主义哲学》,北京:中国社会科学出版社,1986年版,第271—307页。

雅斯贝尔斯认为,现代人处于这样一种实际条件之下,面对这样一种人生状况,人们就必然需要一种人道主义。人道主义基本上是一个教育问题,它以最纯粹的形式和最简单的办法把最深刻的人生内容教给青年。因此，今天虽然存在着对人类生存的可怕威胁,但同样存在着一些伟大的人生现实——爱的力量、英雄气魄、深刻的信仰。而人道主义就是达到这些伟大的人生现实的真正道路。

雅斯贝尔斯又认为他所说的人道主义与传统的人道主义不同,乃是一种“新人道主义”。对于他的这种人道主义,具有决定意义的是,人道主义不是最终目标,它只创造一种精神世界,让每个人能够在这种精神世界里争取自己的独立生存。这种对于人的独立生存的争取,在雅斯贝尔斯看来,便是他的新人道主义的任务,便是他所谓的达于人的本质的手段。因为人之所以为人的本质,并不在于他的可加以确定的理想,而首先在于他的无穷无尽的任务,通过他对任务的完成,他就趋附于他之所自出和他之将返回的本原。

所谓本原,也就是雅斯贝尔斯说的人的根源性。返归本原,是他人生哲学的一个根本性的思想。雅斯贝尔斯和萨特都说要在行动中去确定人的本质，去寻求人生的意义,但他们的路线却不一样。萨特认为人的本质在于自己的创造,人首先是一个存在，尔后去创造自己的本质；雅斯贝尔斯则认为人的本质在于返归本原,人首先是个实存,尔后返归自己成为真人。因此,萨特是向前走去创造人,雅斯贝尔斯则是向后走去返归于人。他们都强调人是在“路上”,主张自由选择,都具有浓厚的行动哲学的色彩,他们的基本思想倾向都是相同的,可谓殊途同归。

返归本原,实际上是雅斯贝尔斯的“新人道主义”的一面旗帜,是他的人生哲学的主旨。在他看来这是解决康德的那四个问题的通灵法宝。

对于“我能知道什么”,雅斯贝尔斯认为,在人的根源性上,对这个问题的回答就意味着哲学要否定客观思维。在他看来,哲学是研究人的,但人乃是一个本原,不仅是自然和历史的产物,事实上,人比他对自己所能认知的还要多些,人是不能从客观上加以认识的那种自由。因此,人之所以为人,不能从我们所认知的东西上去寻找，而应该穿过他身上一切可认知的东西，单单从他的起源上予以非对象性的体验。也就是说，当我们从本原（根源性）上来看待人的时候，“我能知道什么”这个问题便不言自明了。

对于“我应该做什么”，雅斯贝尔斯认为，如果从根源性上来把握人，那么我们就会看到，人总是生活在一定的存在方式之中，他要与其他人交往，与超越存在交往，与世界交往，交往就规定和限制了人的行为。因此，康德提出的这个问题，不再为无上命令所充分解答，而必须为每一个伦理行为的基础以及交往的知识所补充。这就是说，只有返归本原，我们才能回答“我应该做什么”的问题。

对于“我可以希望什么”，雅斯贝尔斯认为，如果我们还像康德一样再问这个问题，那是不够的。过去人们对这个问题的认识都是肤浅的，他们只就人本身来谈人的希望，没有看到人类的基础。只有把握住人的根源性后，我们才能看到，人是与超越存在相关联的，因而人便有了一种确定的信心。正因为如此，对人来说，一切希望都是可能的，人因而便是自由的。因此，希望就在本原那里。

对于“人是什么？”雅斯贝尔斯认为，当我们从根源性上来看待人的时候，要想给人描绘出一幅形象来是不可能的。因为任何关于人的形象，都已经是对人的一个限制，而本原的人是不能有任何限制的。人就是不能从客观上加以认识的自由。但是，人在本原上是与超越存在相关联的。因此，我们若问“人是什么”，就要问“超越存在是什么”这一更为根本的问题。作为一个人，对我们自己来说是永远不完满的，我们永远不是自己的唯一目标，总是趋向于超越存在。因这个超越存在，自己就跟着提高了，同时我们也就透彻地意识到我们的天性了。因此，在人的本原上，对人的问题的解答就变成了对超越存在的问题的解答。

总之，雅斯贝尔斯认为，对康德的四个问题的解决都可以统一于返归本原的任务之下。在他看来，因为人脱离了本原，则不称其为人，所以要返归回去，成为真人。显然，他所谓的返归本原，实际上就是要回到纯粹抽象的自我中去，离开不是自己的那种东西。这就是通常所说的人的社会性。雅斯贝尔斯曾说过，作为社会的“我”，并不是“我”自己。因此，他所讲的返归本原，根本上就是要脱离社会；他所讲的真人，就是一种真正抽象的人。由此可见他的“新人道主义”的唯心主义实质。因此，雅斯贝尔斯所谓的返归本原当然只能是他的哲学的一种幻想。

那么,人怎样才能返归本原而成为真人呢?雅斯贝尔斯又创造了概念——临界处境。雅斯贝尔斯认为,人只有在临界处境中,才能返归本原,成为真人。

2.对人的看法的外部折射——历史观和社会观

前面集中考察和分析了雅斯贝尔斯对人的看法,人不过是个体存在。人的个体存在是雅斯贝尔斯全部哲学的基石和核心。他对人的看法的外部的折射,是他的历史观和社会观。可以说,在一定意义上,雅斯贝尔斯的历史观和社会观是其人生哲学的一部分,是对他所谓的人的个体存在的一种补充说明。

(1)历史观

雅斯贝尔斯是通过历史研究来阐发他的哲学思想的。《论历史的起源和目的》一书系统地阐发了他的历史观。《我对于批评的答复》一文也专门讨论了历史的意义问题。雅斯贝尔斯在演讲中曾这样说:如果希望弄明白自己是什么,那么,没有任何现实比历史更为重要了。历史让人们在人类所能有的最广阔的方面来观察人类,明了生活建立于其上的那些传统的内容,看出对于所处时代应该运用一些什么标准。同时,一面解除那些不自觉地被套上的束缚,一面教导人们认识人的种种崇高的能力和不朽的工作。

雅斯贝尔斯认为,历史是人的主观的历史,因为只有这样的历史,才是纯粹的、真实的,才不至于被种种偶然的事件所淹没。一般人们所说的客观历史,不过是一些历史的表面现象,是虚幻不实的。针对这种客观的历史,雅斯贝尔斯认为,如果人们作为个体眼看其生命随着纯粹短暂现象的浪潮漂流,被卷入种种偶然事件和不可违抗的情况的旋涡……那么,就会感觉到非挺身起来击败全部历史不可。雅斯贝尔斯实际上混淆了历史的本质和现象,从而得出了他的唯心主义结论。为了使他所说的这种主观的历史在表述上有别于人们一般所说的客观的历史,他在历史和历史性这两个词中间做了一个区分。他规定说:“历史”一词的内涵是指客观地在时间中流逝的事件的总和,而历史性一切的内涵则是指某种创造历史的主体的独特结构。历史表现着实存的时间性、有限性;而历史性则体现了生存本身的一个规定性。

雅斯贝尔斯认为,之前的哲学几乎完全把注意力指向客观的历史,而他的生存哲学则通过其历史性来着重阐明人生的真谛。这是一个具有决定性意义的哲学问题。对人来说，重要的不是客观的历史，而是主观的历史性。历史性对雅斯贝尔斯来说，是他可以达到绝对存在的唯一方式。可见，雅斯贝尔斯从根本上否定了客观历史的重要意义，这表明了他对历史的唯心主义态度。

雅斯贝尔斯用他所谓的历史性取代了客观的历史，这不仅表明了他的唯心主义的历史观，其用意还在于要以此来作为他论证其生存哲学基本思想的一个理论说明。例如，他把历史性作为现实的一个基本特点，他认为现实是完全超离于客观历史之上的。因此，只有通过历史性才能确切体会到真正的超越存在。雅斯贝尔斯还试图用历史性来说明人的抉择的必然，因为没有抉择便不会有历史性的形成。把历史性扩展到一切现实上，意味着一切存在着的东西之所以如此，是由种种抉择造成的。尽管雅斯贝尔斯所谓的历史性也是一个表示过程、表示时间性的概念，但已经不再具有本来的客观意义。在他看来，这种历史性才具有真正的历史的意义。因此，他也常常在这一意义上来使用“历史”这一概念。

在雅斯贝尔斯看来，历史对人来说乃是超越存在显示、陈述的一个过程。因为只有通过超越存在，虚幻无常的实存才能成为历史的实质。而所谓历史事实，无非是一些密码，是一些最能显示人生的历史性、独特性和超越性的密码，通过这些历史的密码，领悟到超越存在的语言。所以，超越存在可以每时每刻都从本原上来加以历史地理解，而且它只显现为历史事实。

雅斯贝尔斯认为，这便是历史的意义。历史乃是借以显示出人是什么，可能成为什么，将会成为什么，能够做些什么的场所。同时，也说明历史乃是在人的彼此交往中显示出某种神性的存在的场所。在雅斯贝尔斯看来，这样来理解历史才能彻底摆脱历史的客观性因素，从而真正成为人的自身存在的主观的历史。

由此可知，历史不过是人的主观的历史。也就是说，历史是人所创造、人所选择的，不存在着一个单一性的历史发展进程，不存在一个确定的历史终极目的。历史的发展完全是盲目的、随意的，是不同的个人在其各自所做的不断的历史性中自由抉择的总汇。对于历史的意义这个问题如果将这个意义说成是有待于达到的某种目的，那么这个问题就不可能得到解决。因为任何一种目的都是特殊的、暂时的、可以更改的。要将整个历史解释成一种单一性的、起着决定作用的现象，那就只能以忽略本质性的东西为代价才能做出这种解释。

雅斯贝尔斯据此认为，各个时代的人就必须重新选择和创造历史。因此，人类历史就必定是重建的和重复的。他认为，就精神实质来说，人最本质的内核可以说谈不上有什么变化和进步等内容的差别。在人的一切最后抉择中，在对待死亡的行动中，在决断能力和全力以赴的无条件性中，如果想完成得比历史上已经完成得更完善些或不同些，那就是一种路程估计。就人生抉择来说，没有进步可言，任何时代的人都是同样直接面临着这些抉择和任务。这就是某种无条件性的东西，它不受历史潮流的影响，保持不变。显然，雅斯贝尔斯是在用他的唯心主义语言表达出他的历史循环论的观点。

雅斯贝尔斯不仅否定了历史的进步，而且认为历史的进程是不可知的。我们正在走向将来，而这个将来是一个不可知的、没有确定的将来，到头来，历史总是以失败告终。他以一种悲观主义的态度来对待人的未来，人们意识到枉费心机，永远把自己一次又一次地坐落在一个火山口上，这个火山将要爆发是肯定的，只是不确定在什么时候什么地方怎样爆发。因此，人们仿佛是处于死刑缓期执行时期的人。他认为，对未来的彷徨苦闷是意识到整个威胁而产生出来的。

但是，雅斯贝尔斯又不承认他已绝望。因为在他看来我们毕竟还有当前现在，把握住当前现在，就是历史的全部意义之所在。他说：由于世界进程是不可透视的，由于直到今日最好的东西已经失败，而且可以重新失败……当前行动，这是真实的东西，而归根到底，这是始终肯定要去做的唯一的行动。显然，反映了人们当时对未来彷徨苦闷而又企图寻找出路的一种复杂的心理。

人们终究是要失败的，但失败了又有什么关系。因为世界历史不是最高法庭，失败不能算是否定真理的论据，真理是植根于超越存在的。我们领悟历史，却从历史的船头将锚抛向永恒。人们无可奈何，只能回到永恒的精神境界中去。这真是一半是安慰，一半是挽歌！雅斯贝尔斯先是在主观中展开自己的历史，然后一方面用人的自由选择为历史的发展打开大门；另一方面，又用人的失败为历史的进程奠定了终局。结果是，人在历史终结的地方进入永恒。人类的历史就是如此轮回往复，循环不已。显然，雅斯贝尔斯的这种历史循环论，是不符合历史发展的客观进程的。

（2）社会观

如果说雅斯贝尔斯把历史当作人的一种内在的东西，即认为历史存在于人的主观思维之内，是人的内在抉择在过去时间里的显现的话，那么，他把社会当成人的一种外在的东西，当成一种为人所陌生的对立物。因此，从根本上说他是反对社会的——反对社会存在，反对社会意识，反对社会的主体（人民群众）。

a.反对社会存在

雅斯贝尔斯虽然承认人是生活在社会即“世界”之中的，但是他认为社会对于人来说，仅仅是一个“外壳”。人到世界中来，并非是出于自己的意愿，而是身不由己地被抛到这个世界中来的，从而成了一个“世界里的存在”。人并不是产生于这个世界，人与世界都同样原始，这是一个不可去除的二元性。因此，在人看来，世界就呈现出前所未知的陌生性、不安全性、袭来的威胁性和危险性。世界与人之间，就总是包含一种紧张的对立关系。

人生活在社会之中，已经成为一种社会存在了，雅斯贝尔斯称之为“社会的实存”或“朴素的实存”。他悲叹道：在当前时代中什么也没保留下，只还剩有社会的实存……作为这个社会的“我”，“我”成了与一切人一样的人。这就是说，在朴素的实存中，人们做一切人所做的，信仰一切人所信仰的，思维一切人所思维的。意见、目标（志向）、惶恐、欢乐等不知不觉地从一个人传染给另一个人，因为在这里出现了对一切人进行的一种原始的毫无疑问的同一化。这种所谓人的同一化，就是海德格尔所说的“大家”或“一般”。在雅斯贝尔斯看来，所谓同一化正是人的社会化的后果，正是人的社会性的特点。而人只能是独特的、个别的、与众不同的，只能是一种自身存在。所以，人就必须彻底冲破同一化，消除社会性，使人的社会存在变为自身存在，而其道路和方法就是前面已经谈到过的“返归自身”和“超越”。

b.反对社会意识

雅斯贝尔斯常常把社会意识这个范畴称为“权威”。所谓权威是什么意思呢？雅斯贝尔斯认为，各种样态的大全中的真理同世界上的强人势力，以及代表这些真理，具有这种势力的人的高等地位之彼此配合到一起，乃是真正权威的本质。也就是说，权威乃是指某一时期占统治地位的社会意识。

雅斯贝尔斯认为，社会意识与个人意识是相对立的。权威和例外之间有一种紧张关系，它们是“一对彼此极端矛盾的对立面”。因此，从根本上来说，个人意识是抗拒社会意识的。个别的人在最初时都是依附于权威的，当他逐渐成熟之后，他就在自我反思的过程中体会到自己的起源。雅斯贝尔斯是这样描述这一过程的：在他的发展过程中，需要依靠生活在尊敬和规矩之中，当还不能本着他的起源替自己做决定的时候就听从别人给他做出的决定。在解放过程中，他的起源从自己的心里逐步发展，越来越有力而明亮，终于他以完全的确信在自身中听到真理的声音，到了此时他就会自由地掌握这真理，以反对外部强加给他的权威。不难看出，雅斯贝尔斯的思想实质是要反对人的意识的社会性，而主张一种完全抽象的个人意识。

雅斯贝尔斯认为，过哲学生活的人，通过实际经验、个别科学、范畴学说和方法论，熟悉了陆地上的安全基地，并且在这个陆地的边缘之内以平稳的行程遍游了观念世界之后，像一只蝴蝶一样，终于飞临海岸，朝着海面飞去，奔向一艘海船，想跟随这艘船只远涉重洋，在自我生存中所体会到的那个超越存在上观光。他所追扑的这艘船只——哲学思维和哲学生活的方法，对他来说是可望而不可即的。他竭尽全力，也许只表现出一些晕头转向的古怪动作来。我们都是这样的蝴蝶。当我们离开陆地，我们就完蛋了，但是我们不乐意老待在那里。因此，在那些满足于安坐陆地之上的人看来，我们的飞翔是十分不平稳的，甚至是十分可笑的。只有那些懂得我们烦闷的人，才能理解我们的行动……

雅斯贝尔斯的这一段话，可以作为他的全部哲学的结语。他描述了“哲学生活”的心境，道出了哲学的希望与苦闷，反映了他既希图改变现实而又找不到出路的悲怜处境和矛盾心理。他看到了资本主义社会的种种矛盾和危机，看到了帝国主义战争给人们带来的深重灾难。他亲身遭受了纳粹党的迫害，亲身感受了丧子之痛，体验到了种种悲观与失败。作为一个医生，他能够医治好精神病患者；作为一个哲学家，他却不能医治这个社会的弊病。他不能勇敢地面对现实、改变现实，看不到出路何在，只能在内心世界中寻找安身立命之所。除了苦闷，他只有希望而已。把自己的希望遥寄于那个超越存在之上，但那个超越存在究竟是个什么样子，他却是不知道的。他只能想象着、信仰着它的存在，因为那是他心境中一块幽静的圣地、一个“乌托邦”，但当他睁开眼睛后就什么都看不到了。他想成为一个强有力的真人，但这个真人并不生活在现实世界里，而是生活在精神的虚无中，他盲无目的，四处乱飞，只不过是一只随时可能跌落到大海里去的小小蝴蝶而已。他要反抗这个世界却又自知无力，他要逃避这个世界却又逃避不掉。因此，他的希望实际上是与绝望无异的。他的生存哲学并不能给人指明一条生存之路。

（二）本真教育中人的回归——人文精神[①]

1.树立正确的教育理念

教育理念是教育改革和创新的根本指导思想，树立正确的教育理念是深化教育改革和创新的基点和关键。教育理念是教育的根本指导思想，提升教育理念是教育深层次改革的需要，是教育改革的最高境界。新时期，教育走向人性化是人发展和社会发展的需要，是时代的呼唤。澳大利亚教育史学家康纳尔(Cornell)就曾指出教育要转向“人性化”。教育家哈尔拉莫夫等人也提出过“教育人格化”的要求。从20世纪70年代初联合国教科文组织提出“学会生存”，到20世纪80年代末国际社会提出“学会关心”，都体现了教育人性化的走向，体现了教育关怀人的发展和人的生活的趋势。应该说，这是符合教育的根本旨归的。教育从其根本旨归来讲“成人”——使人成为人的教育，就其具体目标来说是成就人之为人的教育、成就人的生活的教育。

教育的人性化的旨归必然要求“以人为本”。“以人为本”是新时期社会发展对教育的基本要求。以人为本是科学发展观的核心。科学发展观简单地说，就是既要立足当前，又要着眼未来；既要经济发展，又要社会发展；既要生活小康，又要人民健康；既要物质基础，又要文化推动。总之，以人为本是对人的主体地位

①于光：《德育主体论》，东北师范大学2009年博士学位论文，第111—113页。

的充分肯定和尊重。以人为本是一种思维方式，要求我们的实践活动不仅要符合规律，体现时代性，富于创造性，还要符合人性发展的要求。以人为本是一种价值取向，要求尊重人、理解人、为了人、开发人、解放人。

以人为本，就是把教育“与人的幸福联系起来，与人的自由联系起来，与人的尊严联系起来，与人的终极价值联系起来，使教育真正成为人的教育，而不是机器的教育，使教育不只是人获得生存技能的一种手段，而且还能成为提升人的需要层次、丰富人的精神世界的一种途径。以现代人的精神培养现代人，以全面发展的视野培养全面发展的人，乃是以人为本的应有之义”①。教育要想真正实现“以人为本”就必须树立“人文精神”的教育理念。教育“以人为本”的实质是指教育过程应当充满人文主义精神，以人文主义态度对待人。教育作为育人的一门学问，应当蕴含深厚的人文精神和人文情怀，充满着对人的个性尊重和关爱。尊重人、关注人、建设人应当是教育活动的出发点和归宿。②

2.人文精神

有学者认为，人文科学的基本思想就是所谓“人文精神”，其主要观点是：其一，人文精神关注的对象是人文世界，特别是人的内心世界以及人的生存和发展的根本价值。其二，人文精神的目标指向是“使人真正成为人”，使人更富于人道精神。其三，人文精神本身蕴含一种德育观念和一种教化倾向。③

中国传统教育思维历来高度重视“教化”。近代思想家魏源认为，“教以言相感，化以神相感”“有教而无化，无以格顽；有化而无教，无以格愚”“故言立不如默成，强人不如积感”。这表明，人文精神与教育，无论在内容方面（如何做人等），还是在形式方面（如教化功能等），都是直接相通的，甚至是直接同一的。

教育作为一门育人的学问，是对人文精神最直接、最自觉的精神阐释和守护。在一定意义上说，德育实质是一种人文教化。人文教化以人性的完整、丰富

①康宁、杨东平、周大平等：《教育理念的反思与建设》，《教育研究》2003年第6期，第9—14页。

②郭凤志：《德育文化论》，北京：中国社会科学出版社，2008年版，第229页。

③张澍军：《德育哲学引论》，北京：中国科学出版社，2008年版，第134-139页。

和全面占有为目的，强调人的生命的完整、意义和价值。教育作为一种社会意识，它要从社会生活的全面性出发，积极致力于社会各个领域人文氛围的优化，把人文教化作为一种普及性和义务性的教育，努力在全社会形成人文传统、人文风气和人文风俗。教育人文精神的终极目标是培养有个性的全面发展的人。教育的终极目标是实现人的全面发展，但人的全面发展归根结底只能落脚在人类个体的发展上。而个体的发展又充分体现自由的个性，它并没有统一的模式。教育的人文精神的深刻性和具体性不在于抽象的主体性，而在于体现具体的、历史的、有个性的个人身上的主体性。

因此，新时期教育要树立“人文精神”的理念，就必须把教育的人文精神与人的个性发展有机地统一起来。具体来说，要充分地认识到以下几个方面。

第一，教育的人文精神是对人的个性发展的合理性的充分肯定、尊重和珍视。人的个性是个人具有的与其他个人相区别的独特性，是人的本质特征之一。就个人特性而言，世界上每个人是不可重复的，是不可复制的，世界上没有两个绝对相同的人。因为人人具有个性和特殊性，所以教育人文精神首要的价值指向就是要为人的人性的优化和健康发展创造条件，提供明确的价值导向。

第二，教育的人文精神应充分尊重和认同个人实现自我价值及选择不同人生道路的权利和自由。人文精神体现为对人的价值的尊重、肯定和弘扬。人的自我价值在每个有个性的人中的表现样式、发挥程度、个体选择的实现方式也各不相同，只要这些内容对社会发展无害，都应得到社会的理解、支持和尊重。教育的人文精神应当确立人的自我价值实现过程中个体在表现形式、发挥程度、实现方式中表现出的差异的合理性和价值性。

三、雅斯贝尔斯本真教育的本质观之自由生成

（一）自由

1.当下教育对学生生命自由的抑制及学生对自由的需要

自由作为生命意义的方向，是教育中应特别关注的焦点。学生作为生命体，

拥有自己的主观意志和发展的自然意志。“他们有思维、有情感、有需要、有创造性、有自主性，这些都将伴随生命现实地存在，是不能孤立、分割的，也是不能忽视的。”[①]正如卢梭所认为的，儿童是有他们特有的看法、想法和感情的，如果想用成人的看法、想法和感情去代替他们的看法、想法和感情，那简直是最愚蠢的事情。

历史上许多思想家都对教育中的“不自由”发表过自己的观点。西塞罗认为，教育的目的是让学生摆脱现实的奴役，而非适应现实。在我们今天看来，内在自由的获得仍是来之不易。柏拉图认为，对自由人来说学习中不能有任何奴役的成分，规定的锻炼对身体无害，但强制的学习是不能记在心里的，所以，要避免强制。以升学为目的的功利化教育不仅扼制了学生思维的自由，也抑制了他们学习的积极性。正如有些学者所言，教育本身并不排斥功利，或者说，教育在育人上确实具有相当程度的功利性。提升学生的智慧，改变学生的生命质量，在某种程度上，应该就具有功利色彩。为了外在的利益而利用教育，我们不否定其存在的积极价值，但如果有悖于学生“身心的和谐发展”和“生命的自由发展”，这样的教育不是真正的教育。任何使生命异化的教育都不是真正的教育。[②]

自由是与生俱来的内在禀赋，人的自由蕴含着人的自主性与选择性，离开人的自主性与选择性谈人的自由是不可思议的。正如杜威所言：“我们不能强加给儿童什么东西，或迫使他们做什么事情。忽视这个事实，就是歪曲和曲解人的本性。”[③]“给儿童以自由，使他们在力所能及的和别人所允许的范围内，去发现什么事能做，什么事他不能做，这样他们就不至于枉费时间去做那些不可能的事情，而把精力集中于可能的事情上。儿童的体力和好奇心能够被引导到积极的道路上去。教师将发现，学生的自发性、活泼性和创造性，有助于教学，而不是像在强迫制度下那样成为要被抑制的讨厌的东西。”[④]

“教育的基本作用，在于保证人人享有他们为充分发挥自己的才能和尽可能

①刘济良：《生命的沉思》，北京：中国社会科学出版社，2004年版，第88页。

②王羽：《体育教学世界的生命回归探索》，东北师范大学2008年博士学位论文，第42—43页。

③[美]杜威：《民主主义与教育》，北京：人民教育出版社，1990年版，第32页。

④[美]杜威：《学校与社会·明日之学校》，北京：人民教育出版社，1994年版，第298页。

牢牢掌握自己的命运而需要的思想、判断、感情和想象方面的自由。”[①]马克思也曾将自由视为人生命的类本质，没有自由，生命无异于一具缺少心肝的躯体。雅斯贝尔斯也强调人的自由抉择对生命的意义，他说：“我们所谓个人自由，是指独立思考，根据自己的见解行动，从而在保持自己的本质之连续性中生活。自由的人就是在那以自己的抉择及其后果为内容的命运所给他注定了的处境中历史地明了其自己的那种人。”[②]自由是生命的根本要求，无视学生的思想、感情、判断和想象的自由，不仅会使学生在学习中被过早地定型化，而且会使学生天然的想象力与原创性丧失殆尽。为此，在教育中需要给学生“松绑”，“解放”学生，把“学习的基本自由还给学生”[③]，使他们有自己选择学习内容的自由、选择学习方式方法的自由，真正成为自己思维的主人、自己发展的主人、自己学习的主人、自己生活的主人，并让他们在自由、自主中体验到学习的乐趣，享受到生命的快乐。[④]

2.雅斯贝尔斯存在主义哲学中的自由解析[⑤]

在上一章我们介绍了雅斯贝尔斯本真教育思想的存在主义哲学渊源，阐述了他在批判历史上各种对人的错误理解的基础上，以“存在”为核心建立的一套新的关于人的学说。雅斯贝尔斯对人的全部理解都可以落脚到“存在”这个概念上。为了进一步展示“存在”这一概念的深刻内涵，他在《哲学》第二卷中专门从“生存本体论”的框架出发，探讨了“自由”这个与“生存”密切相关的概念。对“自由”的探讨是对“存在”这一概念研讨的进一步展开。

雅斯贝尔斯哲学中的“自由”观念是在对前人思想进行广泛批判和全面总结的基础上形成的。现在对雅斯贝尔斯的自由概念作一个全面的总结和分析，并揭示其超越前人的特征。历史上西方自由观的发展，大体可分为四个不同的时期。

---

①联合国教科文组织国际21世纪教育委员会：《教育——财富蕴藏其中》，北京：教育科学出版社，1996年版，第69页。

②中国科学院哲学研究所西方哲学史组编：《存在主义哲学》，北京：商务印书馆，1963年版，第187页。

③陶行知：《陶行知全集（四）》，成都：四川教育出版社，2005年版，第537页。

④王羽：《体育教学世界的生命回归探索》，东北师范大学2008年博士学位论文，第62—64页。

⑤方朝辉：《重建价值主体：卡尔·雅斯贝尔斯对近现代西方自由观的扬弃》，北京：中央广播电视大学出版社，1993年版，第104—117页。

首先，是古代和中世纪的自由观。该自由观事先假定一个超越尘世的最高“实体”，表现在柏拉图的“理念”说中，也表现在基督教的上帝观念中。该自由观认为人的自由在于不断超越现实世界向着最高实体努力，自由不在此岸世界而在彼岸世界。可把这种自由观称为“宇宙论的自由观”。按照雅斯贝尔斯的观点，这种最高实体的假定使人在上帝或“理念”面前成为一个木偶。

其次，是“世俗化运动”中的自由观。该自由观可称为“经验论的自由观”。“经验论的自由观”把人的自由理解为世俗生活中的经验的自由，其兴起一开始是针对“宇宙论的自由观”扼杀人在世俗生活中的需求和自由而产生的。“经验论的自由观”又可分为三类。第一类为认识论的自由观。把人的存在归结为“一般意识”，把人的自由理解为对必然性的认识，体现在近代认识论哲学中。第二类为“心理学”的自由观。把人的存在归结为经验的“实存”，把人的自由理解为感性生活中的幸福体验，体现在近代功利主义等学说中。第三类为“非决定论”的自由观。强调个人的独立性和能动性，把人的自由理解为个人的自由意志，是对个人存在及社会行为进行自我选择和独立发展的外部自由。

“宇宙论的自由观”和“经验论的自由观”，一个把人的自由归结到彼岸实体世界，一个把人的自由完全纳入世俗经验世界；一个强调超越世俗“实存”，一个提倡回到世俗“实存”。它们代表着两种相反的倾向，这两种相反的倾向在德国古典唯心主义哲学中开始被人们有意识地统一起来，在西方自由观发展史上开创了一个崭新的时期。

再次，是德国唯心论中的自由观，被称为“思辨本体论的自由观”。康德以来的德国古典哲学家，在休谟的影响下自然地认识到任何一个独断的宇宙最高实体（本体）的假设都是站不住脚的。但并不因此完全取消“本体”的意义，只是认为这个“本体”是不能认知地把握的东西。康德把自由放在“本体”领域，而费希特的“绝对自我”、谢林的“绝对本原”，乃至黑格尔的“绝对理念”都是在新的意义上规定为“本体”。另外，德国哲学家认为，功利主义者把人的自由完全落实到感性经验生活中是极端错误的，自由应当作为超验的理想通过实践来达到。同时，他们又强调，感性的幸福和超验的自由意味着一种“绝对同一性”的存在，即物质和精神、感性存在和理性存在的最高统一。在黑格尔那里“绝对理念”从正、反到合的发展要求自我意识不断从它与对象事物的对立达到统一，在“绝对的自身统一性”中向着自由前进。但是，在雅斯贝尔斯看来，正如克尔凯郭尔和尼采所揭示的那样，德国古典哲学家对经验的“实存”和“超验的自由”的统一是不成功的。他指出，这种“超验的自由”建立在先验法则的普遍有效性上。但是，“如果我提倡法则的命令，我就把它归结到了一种原则的水平上，这种原则能够被确定地建构。这样一种法则的普遍化，以及自我和一般自我的普遍化，不能充分地阐明我的具体的自由意识”①。

对于德国古典哲学中的自由观不能一概而论。康德和费希特对实践自我的主体性的强调，对当代人本主义思潮产生了深刻的影响。谢林对以黑格尔为代表的德国古典理性主义的反对直接影响过克尔凯郭尔等人。②

最后，克尔凯郭尔和尼采在批判地继承德国古典哲学的基础上，开创了当代非理性主义自由观。雅斯贝尔斯认为，他们在一个以“内在自我”为核心的崭新基础上把经验的“实存”和“先验的自由”统一了起来。这个内在自我既是人的活生生的感性存在，又不是“世俗化运动”中那种缺乏对个人内在本质的把握的、盲目的经验“实存”。他们在一种超验的理想中找到了自己的终极归宿，在人的活生生的生存现实中实现了自己的超验的自由。雅斯贝尔斯认为，该自由正是现代人应当追求的精神理想。但是，他认为实现这种自由不应当采取尼采和克尔凯郭尔那种和现实猛烈对抗的非理性的方式，而应当运用理性的自我反思的方式。在这种反思中人不仅应当超越现实而且应当最终再次返回现实。雅斯贝尔斯指出，自我反思的概念在克尔凯郭尔和尼采那里已经存在，他们本身正是通过充分的自我反思才建立起自己的内在自我的。但是还没有发现自我反思不仅应当使人超越现实，而且应当使人再次返回现实中。只有在“生存”再次返回到现实中的时候，“生存”自由才真正全面地展现出来，此刻将会在现实中把握到比以往多得多的东西。③

---

①Karl Jaspers, *Philosphy*, *Vol.2*, trans., E.B.Ashton, Chicago and London: University of Chicago Press, 1970, p.157.

②Walter Lowie, *Kierkegaard*, Oxford University Press, 1938, p.234.

③Karl Jaspers, *Basic Philosophical Writings*, *Selections*, Ohio University Press, 1986, p.64.

从雅斯贝尔斯的哲学来看,“宇宙论的自由观”试图设立最高实体是错误的。但是,认识到人的自由要通过超越有限经验事物来实现又是正确的。“经验论的自由观”盲目崇拜经验的“实存”是错误的,但是认识到情感的体验对自由的积极作用则又是正确的,因为没有经验的自由也必定是没有超验的自由。[1]德国唯心论通过先验的必然性来规定自由是错误的，但是强调自我的完善、发展和超越,重视实践理性的“无条件命令”又是可取的。谢林和其他浪漫主义者认识到情感体验的重要性,追求在现实世界的超越中达到灵性的自由,有积极意义。但是,他们忽略了内在自我的重要性对现实的超越,毋宁说是一种虚幻的东西。克尔凯郭尔和尼采要求人们正视自己的生存现实，通过对内在自我的把握实现超验的自由，这种思想直接为雅斯贝尔斯所继承。但是他们把内在自我和生存现实对立起来,忽略了只有在人与世界最终融为一体的时候,“生存”自由才会真正展现出来。因此,雅斯贝尔斯的自由概念以“生存”为核心,把超验理想和经验自我、内在个人和外部世界、理性和非理性统一起来,是对整个西方历史上各种自由学说的全面总结。

下面把到雅斯贝尔斯为止的西方自由观发展的过程归纳如下:

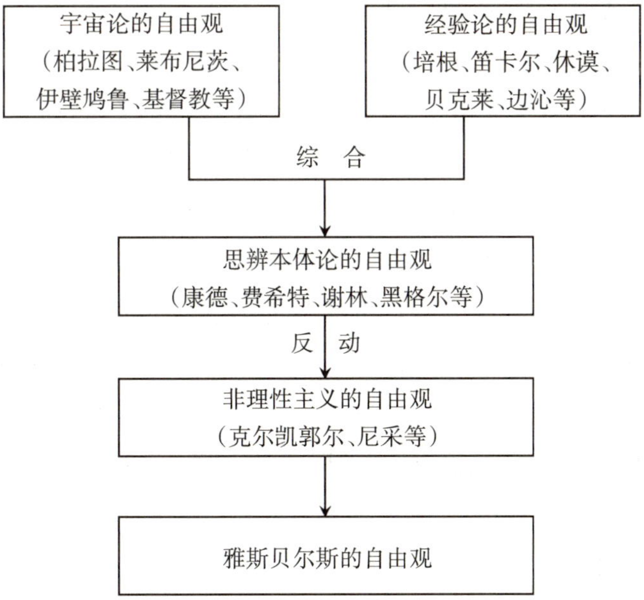

① Karl Jaspers, *Philosphy*, *Vol.* 2, trans., E.B.Ashton, Chicago and London: University of Chicago Press, 1970, p.157.

结论:a.回到感性生活中来谈自由。

b.回到真实完整的自我(“生存”)。

c.“超验存在”是自由的源泉。

d.理性反思是实现自由的根本途径。

e.“生存”“世界”“超验存在”合而为一。

下面阐释雅斯贝尔斯存在主义哲学中“自由”的特点。雅斯贝尔斯所说的自由是通过“存在”获得落实的,因此对自由的阐释就是对“存在”的阐释。阐释自由的特点时,人们可能会质疑:既然雅斯贝尔斯一再声称“存在”是不能作为客观对象来加以规定,认知的方式不能把握“存在”之自由,而当阐释自由和“存在”时,又不得不用认知的方式把它当作对象来把握,这岂不是自相矛盾了吗?根据雅斯贝尔斯本人的思想,可以这样来回答:对自由的阐释并不等于自由,自由本身不是客体,它只存在于人的生命体验之中。当我们像以往的哲学家们那样试图用一系列客观的同性或必然的法则来规定自由的全部内容时,我们是错误的。但是,当把对自由的阐释当作为人们通往自由指明一个方向时是正确的。自由好比一幅世界名画,其全部内涵只有当真正进入其中获得真正体验时才能发现,而绝不是某种客观的属性。但是,该事实也绝不是说对于一个尚未入门的欣赏者来说,把它作为一个对象来阐释是不应该的。当真正进入名画之中把握到它的生动内涵时,你也就超越了这种阐释本身。不仅如此,如果不能实现这一超越,也就永远不能掌握它的本质。因此,雅斯贝尔斯指出,只有在对自由的一切阐释被超越的地方,真正的自由才会出现。旧自由观的错误不在于用认知的手段来阐释自由,而在于用认知的手段来规定自由。对自由的阐释使人们认识到超越一切客观的规定性是达到自由的首要任务,而对自由的规定则让人们通过把自身纳入客观的法则之上来达到自由。对自由的阐释通过回到活生生的生命本源来把握真实的自我,使人们在现实中的发展获得了一个无限开放的空间。相反,对自由的规定则通过把人性固定在一系列客观必然法则之上,而使人性自我封闭起来。这种封闭导致人性的窒息和真实自我的失落,因为人的生命本身从本质上是不受一切客观法则限制的。

(1)自由就是决断

“决断”(EntschluB/resolution)就是决定(decision)和选择(choice),该思想首先

由克尔凯郭尔发展起来。[①]雅斯贝尔斯指出，自由在决断之中实现。当外部事物的无限性向人们压迫过来的时候，人们一方面深感自己被束缚在现实之中而没有自由，另一方面又不得不对自己的境况做出选择，这时就可能会意识到，选择从本质上不是对外部事物的选择，而是对自身的存在或本质的选择，即对自身的决断。因此，决断不是一种客观的外部现象，不是对外部合理性的追求，而是对自己的本质的抉择。决断不仅是在各种外部可能性中的选择自由，它本身就是自由，是一种只存在于生命体验中的精神自由。决断把"存在"当作最高的可能性来把握，因而会打破一切外部可能性或经验法则的限制。决断不是诸种心理动机相互斗争的产物，在决断的时候人们已经来不及对行为的后果做深思熟虑的计算，来不及考虑各种伦理规范的合理性问题，更不愿服从一切外部命令的限制和支配。在决断的时候人回到了生命的本源，所关心的只有一件事，即我是不是真实的。如果人们在决断之时考虑一下外部必然性的要求，精密地计算行为的各种客观后果，那时决断也就消失不见了。

那么，决断是不是一种独断的行为呢？可以说，既是也不是。雅斯贝尔斯认为，决断不是盲目而无理性的行为，相反，决断是以理智地思考生命为背景的。因此，决断并不是和对外部法则的思考完全没有关联的，相反是在对外部必然性和客观法则与生命意义的关系做了深入思考之后才可能发生的。但是，就决断本身而言不是这种思考，不是这种理智的计算。决断是自由意志的无条件命令。"决断也是直截了当的，但这种直接性不是'实存'的直接性。是本己的自我存在的直接性。决断和自我存在是一回事。无决断一般就是自我存在的丧失。一个具体时刻的无决断只意味着我还没有找到我自己。选择和决断之间正像清晰性和本源之间一样是一致的。如果我的决断看上去是独断的，这并没有客观的鉴别标准。但是，在决断之中主观上所达到的东西和独断性是完全相反的。看上去独断性的东西正是一个人的自由，之所以必须这样做因为他是他自己。"[②]

因此，决断虽然看起来像一种独断行为，但是它和独断性之间只存在外表上的相似，而本质上是完全不同的。独断是盲目而没有理性的武断行为，它不能带

①Kierkegaard, *A Kierkegaard Anthology*, Prinzeton: Princeton University Press, 1946, pp.97-108.

②Karl Jaspers, *Philosphy*, *Vol.* 2, trans., E.B.Ashton, Chicago and London: University of Chicago Press, 1970, p.159.

来确定性存在，而是使人失去平衡和稳定，失去良心的自由。而决断是以深刻的自我反思为背景的，带来的是意志的自由、自我的完整和心灵的快感等。决断使人在“实存”的混沌中找到了自身存在的连贯性和统一性，找到了自己存在的基础，这个基础就是他自身，因而一旦人们做出了决断，就不可能再放弃它。

（2）自由和必然

雅斯贝尔斯认为，自由和必然的关系至少有两种不同的看法。一种看法主张自由和必然是相对立的；另一种主张自由是对必然的遵从。雅斯贝尔斯认为这两种观点都是错误的。前一种观点面临着这样一系列问题：a.在理论上找不到这种自由存在的基础。历史上的原子论，包括伊壁鸠鲁的“原子偏斜说”，乃至莱布尼茨的“单子论”以及笛卡尔的“精神实体说”都试图为个体的独立性和能动性（即自由）找到一个确定的理论基础。但是，这些学说实质上把个体归结为“个体实体”，而“个体实体”是站不住脚的。b.把自由看作对必然的征服，这种自由只是一种经验的自由。经验的自由在理论上面临着决定论的反驳，决定论总是可以把一切行为看作因果法则的结果。且不说这种反驳往往是有效的，纵然这种自由能成立也不是真正的自由。雅斯贝尔斯认为，真正的自由是精神的自由而不是行动的自由，是内在的超越而不是外在的能动性。c.这种观点忽略了必然性和法则在生活中是能和人的自由积极相关联的，没有法则或必然性，人的自由也就无处可存。过分追求对必然性或法则的征服，导致历史上的各种无政府主义和个人主义的混乱。就后一种观点而言，把自由看作对必然性的遵从，一是表现了“宇宙论的自由观”，在这种自由观中人成为法则支配下的木偶而无自由可言。二是表现在德国古典哲学中。雅斯贝尔斯认为，德国古典哲学所强调的先天必然法则实际上也是违背意志自由的要求的。雅斯贝尔斯指出：“黑格尔的绝对自由明显地包含着两种东西，或者是一个思维自身的神的存在的神话，它像一个密码一样起作用，或者是对在认知之中实现的绝对意识形式的阐释，它表述一种真理。……但实际情况并非如此，因为无论是在神话中还是在绝对意识的思辨经验中，人们都不能像这一命题逻辑上要求人们做的那样去理解自由，而使他们停留于其中。”①

---

①Karl Jaspers, *Philosphy*, *Vol.* 2, trans., E.B.Ashton, Chicago and London: University of Chicago Press, 1970, p.170.

雅斯贝尔斯认为，只有从“存在”出发才能对自由和必然的关系有一个正确的认识。对于“存在”来说，自由和必然既不是对立的，也不是黑格尔式的统一关系，而是一种新型的统一，即“存在”直接把自由看作自己的必然性。“存在”的自由之所以是它的必然性，是因为作为决断，意味着人们做自己必须做的事物，就这一决断本身而言别无选择。一旦人们做出了决断，自由就意味着人的存在的现实确定性，意味着进入了一种必然王国。只有在那里人才是真正自由的。这些必然性都是可以理智把握的客观必然性，而“存在”的必然性是非客观化的，它只存在于“存在”的本源意识的深处，只有在无限永恒的精神自由中才能被把握。这种必然性和“生存”自由是不矛盾的，“人们做必然要做的事情并不意味着他的自由选择有问题，绝对的自由就是绝对的必然。在做最正确的事情的最大决定上不存在选择”①。因此，只有在“存在”那里，自由和必然才能真正统一起来。以往的学说之所以不能解决自由和必然之间的对立或不能真正统一两者，是因为它们都把必然理解为某种客观的必然性，而不是生命体验中的必然性。②

（3）自由和“超验存在”

对绝对必然性的追求就是对“超验存在”的追求。“超验存在”是人存在的终极归宿。雅斯贝尔斯指出，人们之所以一直试图在寻求一个安身立命的终极归宿，一个最重要的原因就是因为他们在现实中总是感到自己是歉疚的（Schuld/guilt）。所谓“歉疚”，是指人的存在的不完满，即人总感到有所欠缺，有所不满，感到负疚，感到一个人对他自身的责任感。雅斯贝尔斯认为，在现实中人们的歉疚感是无处不在、无处不有的。一方面，人们总是回避不了它，另一方面人们又不知道它来自何方。唯其如此，人们才感到自我超越的必要性和寻找终极归宿的迫切性。这种歉疚不是指人们对某一件具体的事情或行为的负疚感或责任意识，而是指人们在内心深处对自己本身的一种不满意感。当人们沉沦于日常的琐事或者春风得意、快乐无比的时候，他们可能不具有这种歉疚感。但是，沉沦和快乐不会无限地延续下去，一旦它停顿下来人们就可能立即产生歉疚感。这种歉疚感绝不会因为一个人在外部世界中的巨大作为而改变或消失，相反无论你有多大能力或具备多少知识，你都无法根除它。

---

①Karl Jaspers, *Basic Philosophical Writings, Selections*, Ohio University Press, 1986, pp.92–93.
②谢林：《先验唯心论体系》，梁志学、石泉译，北京：商务印书馆，1976年版，第252页。

歉疚感的存在充分证明了人的渺小和不完满之处，也说明人们对自由的追求必将是一个永不完结的过程。雅斯贝尔斯认为，歉疚感的真正消去只有在“超验存在”那里才是可能的。因为“超验存在”作为绝对的必然性也是绝对的完满和绝对的确定性。只有在“超验存在”那里人们才能在生命的本源中找到自己存在的真实基础或终极归宿，人的自由才会无限地展示出来。雅斯贝尔斯指出，“超验存在”把人的两种对立的自由意识相统一，一种意识是人意识到他是绝对自由的，因为他超越了一切客观性法则的限制达到了绝对的确定性；另一种意识则是人意识到他是绝对不自由的，因为他把自己的一切都托付给了一种绝对的必然性，感到自己被上帝牢牢掌握在手。雅斯贝尔斯说，当这种不自由感出现的时候，也就意味着一种新的歉疚感的出现，一个新的超越过程又必将发生。这说明超越是永远不能终止的。通过对“歉疚”的讨论，雅斯贝尔斯试图阐明这样的观点：“超验存在”是人的自由的源泉，没有“超验存在”，“存在”自由不可能真正展现出来，而歉疚感也必将失去它的真正意义。[1]

（4）积极的自由意识

雅斯贝尔斯认为，当人们作为经验的个人即作为“实存”而存在时，总是生活在一个特定的“临界境遇”（Grenzsituationen/limit situation）中。他说“临界境遇”就是“我”在其中遭遇、负责、斗争、死亡等的处境，这个处境中不仅有“我”，而且有他人，是人生活于其中的特殊的内外环境，代表了“实存”的有限性，且在这个有限性中自成一体。人只知道“我”的有限性的整体却不知道这一整体（即“临界境遇”）的边界在何处，整体之外的其他处境是什么。由于人总是生活在自己的临界境遇中，其自由或不自由都必须是在有限处境中实现的。因此，对“生存”自由的考察必须阐释这种自由是如何在临界境遇中实现的，为此人们需要有一种积极的自由意识。

雅斯贝尔斯说，生活在临界境遇中的人，必须要受到来自临界境遇中的种种外部事物或内部事物如物质、制度、风俗、他人、灵魂、精神等的限制。正因如此，人往往感到不自由。在这些限制面前出现了两种自由概念，一是把自由看作对限

① Karl Jaspers, *Philosphy*, Vol.2, trans., E.B.Ashton, Chicago: University of Chicago Press, 1970, pp. 215-218.

制的征服,在征服之中“我”和他人之间实现了一种外在的统一;二是把自由看作处于临界境遇的完全真实的一致(unanimity),这是人与人之间通过相互理解而达到的思想上的一致。通过这种一致,人与人之间从相互对抗发展为相互合作或和谐共存。但是,雅斯贝尔斯认为,这两种自由概念都没有从“存在”的历史性(Geschichtlichheit/Historicity)的深处来理解自由。自由绝不仅仅体现在对反对力量的征服和控制上,也不仅仅体现在人与人在交往中达成的相互理解和相互一致。人只有在临界境遇中作为“实存”之中的“存在”,具有本源的历史性超越意识时,才是自由的。因为这两种自由都是停留在临界境遇之中实现的,而没有把有限处境当作一个整体来超越和把握。正因如此,它们都是有限的而不是永恒的,是经验的而不是超验的,是受临界境遇限制的,并且不得不随有限处境的变化而变化,且没有绝对的确定性。

雅斯贝尔斯指出,有临界境遇作为我们生存的背景,表面看来似乎是限制了我们的自由,但事实上也正好构成了我们向着真实自我前进的前提和积极条件。“生存”自由的实现本身就意味着“我”和有限处境之间的一种崭新的统一,而这种统一又是通过“我”对临界境遇的超越实现的。这种统一绝不是一种外在的、客观的统一,不是征服或一致,而是一种意义的统一。在这种统一中“我”把临界境遇牢牢掌握在手,这种统一也是一种超越性的统一。雅斯贝尔斯以“我与我父母之间的关系”为例来说明这种统一性:我和我父母之间可能有矛盾和冲突,我的自由受着父母的限制,但是我不能通过征服我的父母来实现自己的自由。同样,即使我与父母双方在冲突,的起因方面有了相互理解,从而达成了认识上的一致,并避免了矛盾和冲突也不意味着我的自由。我的真正自由不仅在于我与父母之间张力的消除,而且在于在相互理解中获得爱的升华。相互理解和认识上的一致是我自由的必要条件,但绝不是我自由的充分条件。只有理解和一致建立在我们之间具有无限真挚的爱的基础上,我和我父母之间的关系(作为我的一个临界境遇)才不仅不构成对我自由的限制,反而成为我自由的源泉。此时,我不仅超越了我原来的临界境遇,而且和它达成了一种真正的统一,即一种在“存在”自由中实现的意义上的统一。

因此,对于临界境遇应当具有一种新的自由意识,该自由意识也就是一种新型的超越意识。雅斯贝尔斯认为,“实存”具有双重特征。一方面,它不愿意总是停留于这个世界之中，时常具有超越这个世界，在自己的有限处境之外寻找归宿的冲动。另一方面，它又时常习惯于沉沦在世界之中，满足于世俗生活中的快乐或一致。消去这种“实存”的二重性可以走两条极端的路线。一是神秘主义道路，完全沉浸在对一种人格神或绝对理念的顶礼膜拜和祈祷之中；二是实证主义道路，完全沉浸在世界之中，忙于千方百计地论证各种行为在有限处境中的可行性。但这两条路线都是错误的，都不可能真正消去“实存”的二重性。因为其不是将“实存”的二重性统一起来而是用其中的一方来取代另一方。事实上，“实存”的二重性不仅是永远消除不了的，而且它们的永远并存正好说明“实存”的理想正是这二重性的真正统一。因此，“实存”的自由意识在于，一方面它应当不断超越自己的临界境遇，另一方面又必须在超越中和自己的临界境遇达成统一。那么，怎样来完成这个过程呢？雅斯贝尔斯认为，这一过程可以由自我存在（Selbstein/self-being）借助意识中的三重飞跃来实现。[①]

第一重飞跃。有限的“实存”通过自我意识到自身的不足，从而走向对自身的超越，达到一个制高点，俯视自身的“实存”。这个征服了自身的“我”处于孤独状态，正是这种孤独实现了人对自身的初步突破。

第二重飞跃。孤独的自我一旦形成一种清晰的意识，意识到自己从前处于有限处境之中，意识到有限处境本质的相对性，就进而成为一个开放的自我，并把自己的处境当作对象来把握。在这一把握中，自我把自己存在于其中的处境当作有限的、尚未完成的整体，而同时意识到可能存在的、代表无限和完整的“存在”。这种对于“存在”意识的特点是把“存在”当作可能性的“存在”（wirkliche Existenz/actual Existenz），它和现实处境相对峙而存在。

第三重飞跃。由于在第二重飞跃中达到的毕竟还是和历史性的现实（actuality），即和“实存”的现实相对立的“存在”，因而它还不能全面地把握现实，相反它可能把现实境遇完全撇在一边来寻求一种虚幻的超越。只有当自我把临界境遇当作走向“存在”自由所不可少的条件，认识到临界境遇正是“我”的自由的源泉

①Karl Jaspers, *Philosophie*, Ⅱ.Existenzerhellung, Vierte unveranderte Auflage, Springer—Verlag, Berlin·Heidelberg, 1973, pp.204-208.

时，自我才从对临界境遇的否定转化为对它的肯定，从而使临界境遇和无限的“存在”完美地统一起来，即从可能性的“存在”上升为现实性的“存在”（wirkliche Existenz/actual Existenz）。

在这三重飞跃中，第一重飞跃使“我”从经验的“实存”上升为孤独的自我存在，这个自我存在处于对临界境遇的普遍认知之中，它的绝对孤独是达到“生存”的必要条件。第二重飞跃实现了对可能性的“生存”的阐释，这个“生存”从事哲学化的思考，达到一种自我确定性（self-certainty），使人性由此变得开阔起来，没有它“生存”仍将处于黑暗之中而永远不可能成为现实。第三重飞跃达到了现实化的“生存”，作为一种历史性的现实它是沉默不语的，这个沉默超越了前两重飞跃中所实现的认知的自我和可能性的存在，它既包含了前两重飞跃，又把它们放在了后面，在最大的开放性中实现了自我与有限处境的真正统一，实现了“实存”的二重性的统一。雅斯贝尔斯指出，这三重飞跃必须在紧密的相关性中呈现才有意义，任何一种形式的飞跃如果孤立起来的话都会一无所就。

3.雅斯贝尔斯教育中的自由①

雅斯贝尔斯存在主义哲学中的自由体现在其教育思想中，集中表现在大学自治和学术自由上。雅斯贝尔斯认为，大学自治和学术自由是大学的灵魂，是大学之所以为大学的核心理念，也是大学的本真要义。从大学诞生以来，大学自治和学术自由一直是大学的核心要义。雅斯贝尔斯对这一观点也是持肯定态度的，认为大学自治和学术自由是大学的特权和灵魂。

大学自治意味着大学作为一种社会机构有自己的发展规律，而且对社会的发展具有能动作用。

首先，大学具有自身的发展逻辑和生命力。大学作为一种机构，从中世纪到现在已经存在近千年。大学存在的时间超过了任何形式的政府，任何传统、法律的变革和科学思想，因为它满足了人们的永恒需要。在人类的种种创造中，没有

①康敏昌：《雅斯贝尔斯教育思想研究及其启示》，湖南师范大学2012年硕士学位论文，第34—37页。

任何东西比大学更经受得住漫长的吞没一切的时间历程的考验。[①]任何王朝、政权面对时间的长河都显得那么短暂，只有大学在时间面前毫不退缩。虽然大学的发展也曾出现过兴衰，但是没有被时间的长河所淹没。大学之所以经久不衰，就是因为大学有其自身的发展规律和生命力。

其次，大学的办学者有其自身的办学理念和教育信条。办学者的办学理念和教育信条不仅影响办学者对教育的理解，也影响他如何践行教育。每个办学者有权决定自己如何发展自己的学校，办学理念一般都可以外化为学校制度、学校定位、发展规划和人才培养目标。

最后，大学作为社会大系统中的子系统，具有相对对立性。一方面，表现在大学教育相对独立于政治经济制度。大学不能放弃自身的职能和使命而直接为政治经济服务，大学必须按其自身的规律办事，充分尊重和发挥学校的办学自主权和能动作用。另一方面，表现在大学与政治经济发展的不平衡，大学与政治经济的发展并非完全同步。

雅斯贝尔斯认为学术自由也是大学理念的核心要义之一。雅斯贝尔斯承认大学的教师和学者有研究的自由和思想的自由，同时还有教学和学习的自由。他还指出，学术自由不仅延伸到科研和思想领域，也延伸到教学领域。因为思想和科研需要挑战和交流，这要由教学活动来提供，而教学的自由又要仰仗遍及全世界的学者和科学家，按照他们喜欢的方式来言说和写作的自由。[②]

雅斯贝尔斯认为，学术自由意味着学者和教师可以自由地用自己的方式进行研究，以自己认为适当的方式进行教学。[③]他认为教师的教授是自由的，学生的学习也因而是自由的。[④]因为学生总是可以在不考虑教师利益的前提下，自由地决定他可以在多大的范围内接受教师教授的东西，自由地选择他何时独立地

①[德]雅斯贝尔斯：《什么是教育》，邹进译，北京：生活·读书·新知三联书店，1991年版，第143页。
②[德]雅斯贝尔斯：《大学之理念》，邱立波译，上海：上海人民出版社，2007年版，第185页。
③[德]雅斯贝尔斯：《大学之理念》，邱立波译，上海：上海人民出版社，2007年版，第186页。
④[德]雅斯贝尔斯：《大学之理念》，邱立波译，上海：上海人民出版社，2007年版，第86页。

阅读文献。[1]因此，他认为大学没有权威，没有清规戒律，没有学业监督，所有在中学里面司空见惯的东西，在大学里面都被禁止出现，以免妨碍大学生的生活。[2]

学术自由发展到今天，其内涵不断被丰富，除了教学、学习和科研的自由之外，还包括思想言论的自由。由此可见，学术自由包括以下几层含义。

第一层含义，言论自由、思想自由。每个人都可以自由地发表自己的言论，自由地对某个现象或问题提出自己的见解和看法。

第二层含义，教学的自由。即指教师可以决定自己教授什么内容，可以是别人的观点，最好是自己的观点。选择什么教材，在什么地方施教，采用什么教学媒体和方法，准备创设什么样的教学环境，面向哪些受教者。至于取得什么样的效果，由教师的能力和魅力所决定。总之，教学的起点、过程、媒介、结果完全取决于教师的自由之为。

第三层含义，研究的自由。研究者有自由研究的权利。“学人”可以选择自己感兴趣的主题进行研究，对自己的研究过程进行自我监控，研究成果公开与否，成果是否转让，转让给谁，只要是为学术而学术，为真理而真理，就不能限制其自由。

第四层含义，学习的自由。即求学者，特别是大学生，作为一个成熟的、能对自己负责的个体，有权力决定自己想学习什么，对什么专业感兴趣，怎么学，选择什么方法进行学习，学习这些内容是为了什么，用所学到的知识干什么。因为只有他们自己才知道自己需要什么，最缺什么，想成为什么，这些都由他们自己决定。

雅斯贝尔斯也指出，绝对的自由只有在学术领域才成立，超出学术的范围就得谨慎了。由此可见，他认为大学的自由和大学的责任是辩证统一的，学术自由和学术责任也是辩证统一的。特别是在当代，大学不再是高楼深院，大学的地位

①②[德]雅斯贝尔斯：《大学之理念》，邱立波译，上海：上海人民出版社 2007 年版，第 86 页。

日益提高和作用日渐强大，它不再是象牙之塔，逐渐成为社会的中心机构，成为社会的中心。大学承担社会所赋予它的责任，所以大学是自由和责任的统一体。

（二）生成[①]

从生物学和人类学角度来看，动物的生命是特定化的，动物的活动器官和机能是“一出自然之手就达到了完善”，正因为它是“完善的”“完成了的”，所以是确定的、限定的、无法发展的。[②]与动物相比，人是生命世界的高级生存状态，但是人有待完善。人不同于动物之处是，人的生命是未特定化的，人在生理上的这种尚未完成虽然看似是一种缺点，却为人的发展提供了空间和可能，为人不断地完善生命创造了条件。“人必须靠自己完成自己，必须决定自己要成为某种特定的东西，必须力求解决他要靠自己的努力对自己解决的问题……”[③]“他必须不断地学习那些自然和本能所没有赋予他的生存技术。为了求生存和求发展，他不得不继续学习。”[④]所以，人的生命追求不断地提升和完善，但这种完善并不是自然的完善，而是一种无止境的永远的追求过程。因此，生命本身不是一个结论，而是一个历程，使人永远处在生成之中。[⑤]

1.生成的含义

在《现代汉语词典》中，“生成”解释为“（自然现象）形成；经过化学反应而形成；产生；生就。”[⑥]“生成”这一概念最早出现在数学中，后由数学引入语言学。在传统语法中，指用一系列语法规则说明、描写语言中数量无限的句子结构，突出语言的创造性。《哲学大词典》认为“生成”有从无到有的意蕴。《辞海》解释的“生成”意即发展和变化，是在逻辑发展过程中第一次出现的，把矛盾的双方统一起来的具体概念，即对“无”的否定或对“有”的否定之否定。“生成”主要是相对于“预成”而言的，其意思是“变成某物”，它强调的是事物发展变化过程本身。总

---

①苗光宇：《课堂教学生成研究》，哈尔滨师范大学2012年硕士学位论文，第22—38页。

②冯建军：《生命与教育》，北京：教育科学出版社，2004年版，第19页。

③[德]兰德曼：《哲学人类学》，阎嘉译，贵阳：贵州人民出版社，1988年版，第228—229页。

④联合国教科文组织国际教育发展委员会编著：《学会生存——教育世界的今天和明天》，北京：教育科学出版社，1996年版，第196页。

⑤王羽：《体育教学世界的生命回归探索》，东北师范大学2008年博士学位论文，第82页。

⑥中国社会科学院语言研究所词典编辑室编：《现代汉语词典（第6版）》，北京：商务印书馆，2012年版，第1161页。

之，不同学者对“生成”的理解各不相同。概括起来主要有以下几种观点。

（1）生成是一个过程

《教育大辞典》中对生成的释义是，强调学习过程是学习者原有认知结构与从环境中接受的感觉信息相互作用，主动建构信息意义的生成过程。雅斯贝尔斯认为，生成来源于历史的积聚和自身不断重复的努力，生成就是习惯的不断形成与不断更新，是一个人秉承自持的重要过程。雅斯贝尔斯也把生成看作一种过程。有学者指出：“事物的质不是先定的，不是预成的，不是固定的，不是已经成型的，而是向未来开放的，是不断生成的，任一时期、任一阶段的存在状态，都不是或不代表其全部‘本质’，而只有其动态的、不断成长着的全部历史过程，才真正充分地体现了其本质。”①还有学者认为，“生成”是生成论的一个最基本的概念，从其过程来说，“生成”包含“生”和“成”两个方面。“生”，即事物从无到有的变化过程，意为出生、产生等创造之意；“成”，强调的是事物变化的结果，意为形成、成果。

以上观点认为，生成是一个过程，人的生成是在不知不觉的无意识之中达到的，是一个人秉承自持的重要过程。认识到事物是一个过程性的存在，才能在事物自身的普遍联系、动态发展中思考问题，在人与世界、主体与客体的全面关系及其相互作用的矛盾中思考问题。可见，这个生成具有过程性、开放性和发展性的意义。

（2）生成是一种教学方式

生成是一种教学方式，是教师、学生、文本三者之间的互动，即学生在原认知的基础上，通过与教师、文本的对话交往，实现意义的获得及自我主体的建构。生成者，当然首先是学生，同时也是教师与文本，三者通过对话共同进入一个新境界。维特罗克提出的生成学习模型认为，生成是指形成新知识的内在联系和新知识与已有经验之间的联系，即学生设置新模式和解释，或者使用、修改旧模式和解释，把新信息组织进一个牢固的整体，这个整体会弄清楚新信息并使之与他们的经验和知识相一致。张大均在《教育心理学》中提到，生成性是有

①李文阁：《回归现实生活世界》，北京：中国社会科学出版社，2002年版。

效使用学习策略最重要的原则之一，是指在学习过程中利用学习策略对学习的材料进行重新加工，从而产生某种新的东西。布卢姆认为，人们无法预料到教学所产生成果的全部范围，如今的课堂正显现出刚性向弹性转变的趋势，更关注过程和体验，关注过程和体验中即时生成的东西。在动态的生成过程中产生新思想、新创意。

这类观点认为，生成是一种教学方式，对学生而言是相对于“接受”的学习策略，将新知识的内在联系和新知识与已有经验之间形成联系，形成新的东西。对教学过程来说，是产生即时生成的过程。

雅斯贝尔斯认为，生成不但是过程，生成还是“习惯的不断形成与不断更新”，教育、儿童游戏室和职业习惯使人类社会成为可能，缺少它们，人类社会将萎缩到永远无所依持的境地。所谓生成就是习惯的不断形成与不断更新，就是使每个受教育者都能够主动地、最大限度地发展自己天赋的潜力。雅斯贝尔斯认为，生成来源于历史的积聚和自身不断重复的努力，人的生成是于不知不觉的无意识之中达到的。但这无意识是在困境中以清醒意识从事某事的结果。他同时指出，生成有两种形式——静态和动态。静态，表现为习惯，它为生成提供前提。雅斯贝尔斯认为，我们生活在形成习惯的过去之中，不断形成和打破习惯是我们生成的坚实基础。动态，表现为超越，是生成的途径并要达到的结果。“教育即生成”，即教育要帮助人自我创造与自我生成，是一种心灵的交流和人格的感染，是唤醒灵魂的教育，旨在通过教育的生成实现人的生成。这种追求并不在于为人生确立一个具体目标并教导人们为这个目标不断努力，而在于为人生建立一种信仰，即生命的体验是人的自我生成的过程。生成是一种教育观，即教育并非简单的文化传递方式或一种授受活动，而是人与人精神相契合，文化得以传递的活动，是使受教育者“顿悟的艺术”，是促进受教育者自觉“生成”的一种方式。与他的哲学观相呼应，雅斯贝尔斯认为，人的生成是对教育目的、教育主体、教学方式方法等进行全新释义，在于促进自我超越。

2.雅斯贝尔斯的教育生成

教育是“人对人的主体间灵肉交流活动（尤其是老一代对年轻一代），包括知识内容的传授、生命内涵的领悟、意志行为的规范，并通过文化传递功能，将文化遗产教给年轻一代,使他们自由地生成,并启迪其自由天性”①。教育生成使每个受教育者都能够主动地、最大限度地发展自己天赋的潜力,使其“内部灵性与可能性”得到充分的发展,教育本质上是人的不断习得的生成,促进人的自由生成,教育的过程即人的生成的过程。雅斯贝尔斯教育生成观的特征可概括为四个方面。

(1)注重唤醒人的灵魂

雅斯贝尔斯认为,教育活动关注人的潜力如何最大限度地调动起来并加以实现,以及人的内部灵性与可能性如何充分生成。简言之,教育是人的灵魂的教育,而非理智知识和认识的堆积。教育要使人自由地生成,意味着教育不能改变人生而具有的本质,不能强迫人成为什么样的人,只能根据人的生而固有的本性和可能性来提升人的精神境界,要注重唤醒人的精神和灵魂。教育不是传授或接纳某种具体的知识、技能,而是要从人生命深处唤起他沉睡的自我意识,这也是人作为个体的创造力、生命感、价值感的觉醒。通过教育使具有天资的人,自己决定自己成为什么样的人,以及自己把握安身立命之根。可见,教育应开发人的本质以及注重人的自由发展,强调教育者与受教育者平等的关系,特别是受教育者的自由发展。因此,教育要唤醒人的灵魂,重视主体的人。他抨击了现实教育中忽视人、压抑人的现象,呼吁教育改革,认为人的回归才是教育改革的真正条件。

教育即生成,也是人的灵魂的教育,是精神的而非物质的,是一个灵魂唤醒另一个灵魂,是一种心与心的对话与交融。教育面对的是活生生的个体,每个受教育者有各自的生活体验。因此,教育者不能“对学生耳提面命,不能与学生平等对待,更不能向学生敞开自己的心扉”②。

这样的教育者所制订的教学计划,必然会以自我为中心。可以说,教师的任务就是要唤醒人的潜在的本质,唤醒人的潜在力,使学生逐渐自我认识知识、探索道德。由此可见,教育强调的是要让师生处在一个平等的教学环境里,受教育

①[德]雅斯贝尔斯:《什么是教育》,邹进译,北京:生活·读书·新知三联书店,1991年版,第3页。
②[德]雅斯贝尔斯:《什么是教育》,邹进译,北京:生活·读书·新知三联书店,1991年版,第1页。

者可以自由地发挥自己的聪明才智，与教育者自由平等地对话。而如何使教育的文化功能和对灵魂的铸造功能融合起来，成为人们对人教育反思的本源所在。总之,教育要导向生命的本源,是对人的灵魂的引导,教育是唤醒灵魂的教育,是一种心灵的交流和人格的感染。

(2)注重自我超越

哲学的方法是超越,主体大全要有意识地向生存超越,客体大全要由世界向超越存在超越,总之,个人就是要不断自我超越以达到生成。人永远不能穷尽自身,人的本质不是不变的,而是一个过程,教育是人的不断习得的生成。因此,教育目的的达到是个人"自我超越"的过程,人要成为完整的人在于自身的不懈努力和对自身的不断超越。教育者不能给受教育者现成的答案，而要让他们自己通过探索去得出结论。

雅斯贝尔斯指出,教育有三种类型。经院式教育,仅仅限于传授知识。教材是一套固定的体系,教师只是照本宣科,而自己毫无创新,教师是无足轻重的,只是一个代理人而已,可以任意替换。可以说,这种教育以教材为中心。师徒式教育中，学生对教师的尊敬具有绝对服从的特点，教师和学生之间的距离是本质上的,可以说这种教育是完全以教师为中心的,具有个人主义色彩。苏格拉底式教育下,教学双方可以自由地思索,没有固定的教学方式,只有通过无止境的追问,受教育者才能感到自己对真理的一无所知,教师要激发学生对探索求知的责任感。可以说,这种教育让教师和学生处于一个平等的地位,或者说教师只是居于一个暗示的地位。

雅斯贝尔斯崇尚第三种教育类型,即苏格拉底式教育。因为教师要使学生的注意力从教师身上转移到学生自身,师生之间只存在善意的讨论关系,而没有屈从、依赖关系,使受教育者能够自我超越,从内部产生一种自动力量。在教育中,每个人都要负起超越自身存在的责任。

(3)注重自由

教育即生成,意味着教育不能改变人生而具有的本质,不能强迫人成为什么样的人,只能根据人的生而固有的本性和可能性来使他们自由地生成。因此,教育生成观还强调自由。雅斯贝尔斯认为,自由就是为了自由,为了提醒人去注意人的尊严,为了使人对其可能或对其前途的思维明亮起来,为了倾听超越存在向人诉说的语言。自由是与控制相对而言的,控制是在主客体完全疏离的情况下,将自己的意志强加于他人身上,而自由是对束缚的解脱,是在主体能动范围内最大限度地实现主体的意志。教育是属人的,人的转变是教育的最终目的,而人只能自己改变自身,并以自身的转变来唤醒他人。在这一过程中,如果有丝毫的强迫与压制,就不会达到生成的效果。因此,教育绝非外在的强迫与控制,而是要帮助个人自由地成为他自己,而非强求一律。

可以说,人的自由一方面是由于从临界境遇中意识到自己的有限性,另一方面是由于和绝对而永恒的东西相比较的结果。他之所以能凭自己站得住脚,是靠着一只无形的从超越界伸给他的手,他只因自己的自由才感到这只手的亲临。如果教育变成了权威,那它就失败了。因此,自由也是生成的必要条件。

(4)注重师生交往

教育要使受教育者自由地生成,并启迪其自由天性,这与交往密不可分,并且这种交往是真诚的交流。因为自由就是人通过真实的互相交往而实现其为真正的人。雅斯贝尔斯认为,人在自我生成上存在着三种不同的教育方式。第一种是训练,第二种是教育和纪律,第三种是存在之交流。训练是一种心灵隔离的活动,“教育则是人与人精神相契合,文化得以传递的活动,而人与人交往是双方的对话和敞亮”[①]。这种我与你的关系是人类历史文化的核心。如果存在的交往成为现实的话,人就能通过教育既理解他人和历史,又理解自己和现实,就不会成为别人意志的工具。教育和接受教育,一切教育都是在交往中实现的,人的生成只有在人与人之间的相互交往中才能产生和发展。

教育活动是在教师与学生之间进行的,教师与学生总是处于共同的教育情境中,双方总是在共同的交往中沟通。在完整的师生交往中,教师不仅传授知识,而且更多地创造师生交往的机会,使学生在交往中体验到平等、自由、民主、尊重和信任。同时,学生受到激励、鼓舞、指导、忠告和建议,形成积极的人生态

---

①[德]雅斯贝尔斯:《什么是教育》,邹进译,北京:生活·读书·新知三联书店,1991年版,第3页。

度与情感体验,学生不再被动接受知识,而是自己得到问题的答案。在交往中,教师和学生双方在精神的理解和沟通中都获得了新的经验和精神的扩展,各自都接纳了对方,构成了双方之间的精神交流。教师在暗示的地位上才能真正成为学生的指导者,使之自由地生成,完成自身的自我选择和自我超越。

交往中人与人之间都是自由的个体和主体,作为个体的人只有在同其他个人的交往中才能体现其自由,并且只有与自由联系在一起才能实现人的真正的自由。雅斯贝尔斯认为,师生之间教育交往的主要形式是对话,因为对话真正地使教师和学生在相互作用中达到理解,获得沟通。在对话的交往中,教师从不作为知识的占有者和给予者,而是通过对话启导学生的精神,并且在对话中让学生自己发现知识,获得智慧,从而使每个个体都能各自成为真正的自我,成为真正的存在。

四、雅斯贝尔斯本真教育的本质观之对终极价值和绝对真理的虔敬

对教育本质的认识方面,雅斯贝尔斯不满足于传统的事实层面的理解,而是深入到价值层面进行阐发和说明。通常认为,接受教育的目的就是学习一技之长,增强能力,增广见闻,塑造个性等。在雅斯贝尔斯看来,类似对教育的理解没有把握住教育的本质。“真正的教育应先获得自身的本质”,而“对终极价值和绝对真理的虔敬,是一切教育的本质,缺少对‘绝对’的热情,人就不能生存,或者人就活得不像一个人,一切就变得没有意义”。[①]那么,他所指的“绝对”是什么呢?对个体而言,“绝对的东西”就是指“真实”“独立自主”“责任和自由”。如果“缺少对‘绝对’的热情,人就不能生存,或者人就活得不像一个人,一切就变得没有意义”[②]。“教育依赖于精神世界的原初生活,教育不能独立,它要服务于精神生活的传承。”[③]可见,雅斯贝尔斯从人的生存意义和精神追求,从树立终极的信仰和理念的高度体认教育的内涵,这对人们反思本真意义上的教育具有重要

①②[德]雅斯贝尔斯:《什么是教育》,邹进译,北京:生活·读书·新知三联书店,1991年版,第44页。

③[德]雅斯贝尔斯:《什么是教育》,邹进译,北京:生活·读书·新知三联书店1991年版,第42页。

借鉴意义。[①]

(一)雅斯贝尔斯对终极价值和绝对真理的追问[②]

人类社会自产生以来,对人是什么,人活着为什么,人如何发展,如何才能幸福,人生是有限的但如何让精神无限等这些问题的思考就困扰着历代哲人和教育家,人的问题是哲学和教育学等人文社会学科思考的内核。人性善,从人的天性向善出发,扩充人的善端,使人臻于完善。人性恶,从人的性恶为起点,认为教育的作用是让人避恶趋善,用教育来使人明晰人能够向善发展。

雅斯贝尔斯的存在主义是一种人本哲学,思考的是人的存在先于人的本质,人在此种生活中如何洞见澄澈的内心精神世界。雅斯贝尔斯认为,人类社会的进步是受原初求知欲推动的,人类内心深处的求知欲是人们认识的基石。正是人内心的原初求知欲,才会产生新的发明,并且在原有认识的基础上有新的认识。

人的原初求知欲是人们探索真理的动机,雅斯贝尔斯认为,“对终极价值和绝对真理的虔敬是一切教育的本质,缺少对‘绝对’的热情,人就不能生存,或者人就活得不像一个人”[③]。即教育应关注的是培养人对绝对真理和终极价值的追问精神。在对真理的追问过程中,人们应有自己追求真理的意愿和为之接受任何牺牲的精神。正是无条件地对绝对真理和终极价值的追问,人们才形成了科学的思维方式,即怀疑和质问一切,审慎地对事物进行判断,不断地重复提出、思考同一个基本问题。对绝对真理和终极价值的探索必定是一个艰辛的过程,决定了本真的科学研究工作是一种精神贵族的事业。“一个运用科学方法进行研究的人,只有当他把追求真理当作一种内在需要时,才算是真正参与学术研究。”[④]雅斯贝尔斯认为,真理囊括了人类存在的要义,而人存在的要义指的是精神、存在与理性。

雅斯贝尔斯认为,一个国家和民族,应重视教育事业和尊重教师,这决定了

---

①徐广宇:《论现代大学的文化使命》,南开大学2009年博士学位论文,第100页。

②朱欣:《本真教育的诗哲书写》,《长春理工大学学报》2010年第10期,第60—61页。

③[德]雅斯贝尔斯:《什么是教育》,邹进译,北京:生活·读书·新知三联书店,1991年版,第44页。

④[德]雅斯贝尔斯:《什么是教育》,邹进译,北京:生活·读书·新知三联书店,1991年版,第41页。

一个民族的命运。教育应是教师指引学生对真理的追问。他认同德国哲学家康德的观点——学习应该学的是思考活动，而不是思考的结果。师生的学习是一种德行的保存。雅斯贝尔斯认为，教师的学习精神可以传承给学生，“学习是通向真理之路，而不是仅仅了解事物，对已有的真理不要去死记，而应在内心和行动上身体力行”[①]。他反对当时教育界存在着的没完没了的教学试验现象，反对并未关注教育本质的调查分析，反对不断更换内容、方法和形式的教育教学实验。他认为，这些活动都放弃了教育的本质，而把教育视为一种可控制的技术手段。他主张，真正的学习是以不停的奋斗来克服不可避免的困难，真正的学习者能以严肃的态度对待绝对真理、终极价值和自己的生活。

（二）雅斯贝尔斯的大学观——探求真理之所在[②]

1.求真的宇宙

雅斯贝尔斯认为大学是一个求真的宇宙。具体包括以下几层含义。

第一，是求真共同体。在《大学之理念》一书中，雅斯贝尔斯指出，大学是由学者和学生组成的，致力于寻求真理之事业的共同体。[③]他认为大学是一个人们可以在这里自由探索真理、教授真理的地方。[④]社会希望开展纯粹的、独立的、没有偏见的科研，把以探索、传播科学真理为职业的人联合在一起共同追求真理。大学就是这样一处所在，人们出于寻求真理的唯一目的而群聚于此，可以不受任何限制地探求真理，并且是为真理而真理。[⑤]在雅斯贝尔斯看来，大学是一个以传播和探索真理为志业的人们千方百计自由传播真理、探索真理、献身科学的共同体，它应是为学术而学术、为真理而真理的组织。

第二，是一所特殊的学校。雅斯贝尔斯认为，“大学也是一种学校，但是一种特殊的学校。学生在大学里不仅要学习知识，而且要从教师的教诲中学习研究事

---

①[德]雅斯贝尔斯：《什么是教育》，邹进译，北京：生活·读书·新知三联书店，1991年版，第89页。

②康敏昌：《雅斯贝尔斯教育思想研究及其启示》，湖南师范大学2012年硕士学位论文，第30—34页。

③[德]雅斯贝尔斯：《大学之理念》，邱立波译，上海：上海人民出版社，2007年版，第19页。

④[德]雅斯贝尔斯：《大学之理念》，邱立波译，上海：上海人民出版社，2007年版，第12页。

⑤[德]雅斯贝尔斯：《大学之理念》，邱立波译，上海：上海人民出版社，2007年版，第20页。

物的态度，培养影响其一生的科学思维方式。大学生要具有自我负责的观念，并带着批判精神从事学习，因而拥有学习的自由；而大学教师以传播科学真理为己任，因此他们有教学的自由。"[①]在他看来，大学是一个"国中之国"。具有独立自治权和学术自由是大学和其他学校的最根本区别。

第三，是实现人类基本求知意志的法团组织。[②]雅斯贝尔斯认为，求知欲是人类生而具有的本能，大学就是为了揭示哪些东西是已知的，哪些东西是未知的，从"未知"到"已知"的过程就是求知的过程。因此，他认为大学是实现人类求知意志的法团组织。求知是人们通过观察、思考和自我批评，寻找事物的客观性的过程。在大学，人们的求知欲可以得到良好的发展。

第四，是大而全的宇宙。雅斯贝尔斯认为，顾名思义，大学应该是一个"大而全的宇宙"。从词源上来看，大学的英文"university"最初含义是师生共同体，与它作为所有学科的统一体的含义同等重要。[③]大而全，并非仅指知识，重要的因素仍然是活跃的头脑、领会问题并提出疑问的能力和方法的掌握。[④]因此，在雅斯贝尔斯看来，发展人的天性是大学最重要的任务。

综上所述，雅斯贝尔斯继承了纽曼、弗莱克斯纳和洪堡等人理性主义的大学本质观。他认为，大学是有志于追求真理和敞亮真理的人们，出于实现自己好奇心、求知欲、追求真理、献身科学的目的，群聚于此自由地探索真理、传播真理、发展科学的宇宙。大学应该是纯学术研究的地方，是培养精英的地方，是享有独立自治和学术自由的地方。大学是研究和传授科学的殿堂，是教育新人成长的世界，是个体之间富有生命的交往，是学术勃发的世界。[⑤]随着高等教育大众化和普及化的来临，以及大学社会服务功能的出现，大学是否持这种态度呢？高等教育界对此展开论争，出现明显对立的两个观点，预言这种争论还会持续下去。如果作为批判实用主义教育思潮和大学功利主义倾向，从大学的传统演变历史

---

①[德]雅斯贝尔斯：《什么是教育》，邹进译，北京：生活·读书·新知三联书店，1991年版，第139页。

②[德]雅斯贝尔斯：《大学之理念》，邱立波译，上海：上海人民出版社，2007年版，第21页。

③[德]雅斯贝尔斯：《大学之理念》，邱立波译，上海：上海人民出版社，2007年版，第97页。

④[德]雅斯贝尔斯：《大学之理念》，邱立波译，上海：上海人民出版社，2007年版，第75页。

⑤[德]雅斯贝尔斯：《什么是教育》，邹进译，北京：生活·读书·新知三联书店，1991年版，第150页。

看，雅斯贝尔斯的大学性质观有其合理之处。但是，他认为大学可以没有任何限制地为学术而学术是值得商榷的。特别是，现代大学学术自由和社会担当是辩证统一的。

2.教学和科研

大学职能是指大学作为一个社会组织或机构具有的基本职责。它也是当代大学教育研究的一个热点问题。关于大学职能，雅斯贝尔斯持二元职能观。他认为，大学应该具有两项基本职能——教学和科研。

虽然在不同的著作中，雅斯贝尔斯对大学职能的表述不尽相同，但从其实质看，他认为大学有教学和科研两项基本职能。《大学之理念》一书中指出，大学致力于科学和学术。大学的这个目标或许可因此划分为三个方面的功能——研究、知识传播和文化教育。[①]因此，他认为有三件事情是大学必须要做的——职业训练、整全人的教育和科学研究。[②]从他的表述看，他把大学的职能分为研究、知识传播和文化教育三项，其实质是二元职能观。“研究”是指科研职能；“知识传播和文化教育”是指教学职能。因此，他认为大学应该具有教学和科研两项基本职能。当时社会有人试图把大学分解为职业训练学院、普通教育学院和研究所三种不同的机构，强迫大学在以上三项职能选择其一，他们认为大学不可能同时完成这三个任务。但雅斯贝尔斯却认为，“从大学的理念来看，这三方面是三位一体的。将一个方面从另外两个方面剥离出来，势必损害大学的精神实质，也必然秧及这个被剥离出来的方面本身。这三个方面都是一个活生生整体的必备要素。倘若将他们割裂开来，大学的精神就会枯萎凋敝”[③]。

雅斯贝尔斯在《什么是教育》一书中指出，我们一致认为，大学有四项任务：第一是研究、教学和专业知识课程；第二是教育与培养；第三是生命的精神交往；第四是学术。[④]从这个阐述看，所谓“教学和专业知识课程”“教育与培养”和“生命的精神交往”其实质都指的是教学职能。而“研究”和“学术”实质是科学研

①[德]雅斯贝尔斯：《大学之理念》，邱立波译，上海：上海人民出版社，2007年版，第64页。
②[德]雅斯贝尔斯：《大学之理念》，邱立波译，上海：上海人民出版社，2007年版，第67页。
③[德]雅斯贝尔斯：《大学之理念》，邱立波译，上海：上海人民出版社，2007年版，第68页。
④[德]雅斯贝尔斯：《什么是教育》，邹进译，北京：生活·读书·新知三联书店，1991年版，第149页。

究职能。而且他认为,“就科学的意义而言,大学的四项任务是一个整体,它构成了大学的理想。……每一任务借助参与其他任务,而变得更有意义和更加清晰。按大学的理想,这四项任务缺一不可,否则大学的质量就会降低”[①]。

由以上可知,他有时把大学的任务、大学的功能和大学的职能混为一谈,不知道是他表述上的不一,还是翻译的差异,这让读者有时会陷入迷惑。虽然雅斯贝尔斯在不同的著作和场合对大学职能有不同的表述,但是教学与科研这两大职能是他所认同的,他的论述大抵没有超出这两者的范围。在论述两者之间的关系时,他认为科研是大学最重要、最基本的职能,教学是大学的次要职能。他指出,只有通过系统的探索才能获得真理,因此,科学研究就是大学的第一要务。[②]“只要大学想通过科学的途径去寻求真理,研究就必然成为大学的基本任务。”[③]科研以传承为先决条件,因此研究工作离不开教学。他指出,大学的第二位工作是教学,因为真理必须得到传播。[④]他认为更重要的是,教学工作本身经常(甚至是绝大多数时候)都是研究工作的促动因素。[⑤]因为教学所需要的某些生死攸关的财富,只有研究工作才能提供给它。[⑥]

综上所述,雅斯贝尔斯在大学职能观上持“二元”职能观,他认为大学具有科研和教学两大职能。科研是大学最重要的职能,教学是大学的第二职能。而且认为研究和教学并重是大学的首要原则。[⑦]由此可见,他虽然把科研作为大学最重要的职能,但并没有否定教学。虽然认为教学是大学的第二职能,但并没有认为它可有可无。值得注意的是,他眼中的科研不仅要探索真理,而且要与教学相结合,并与培养全人联系在一起。[⑧]虽然雅斯贝尔斯身在大学,从事大学教学和管理工作,但他最主要的志趣是科研。也因此,他认为大学有教学和科研两项基本职能,科研是大学的首要职能,教学是大学科研职能衍生出来的职能。

---

①[德]雅斯贝尔斯:《什么是教育》,邹进译,北京:生活·读书·新知三联书店,1991年版,第150页。
②④[德]雅斯贝尔斯:《大学之理念》,邱立波译,上海:上海人民出版社,2007年版,第22页。
③[德]雅斯贝尔斯:《什么是教育》,邹进译,北京:生活·读书·新知三联书店,1991年版,第149页。
⑤⑥[德]雅斯贝尔斯:《大学之理念》,邱立波译,上海:上海人民出版社,2007年版,第73页。
⑦[德]雅斯贝尔斯:《什么是教育》,邹进译,北京:生活·读书·新知三联书店,1991年版,第152页。
⑧刘宝存:《大学理念的传统和变革》,北京:教育科学出版社2004年版,第70页。

第四章

雅斯贝尔斯本真教育的目的观

雅斯贝尔斯的教育目的观是建立在其存在主义哲学基础上的。他的存在主义哲学认为，个人存在是一切存在的出发点，是一切存在的物的根据。“只有从个人出发，才能理解其他一切事物的存在。”[①]因此，与以往教育思想家们的观点不同，雅斯贝尔斯在阐述教育目的时，不再单纯地强调人的理性发展和抽象概念的形成。

雅斯贝尔斯提出了培养“全人”的教育目的。他认为，真正的人是一个无所不包的“大全”，是实体、一般意识、精神和生存形式的组合。一个真正的人，应当是一个“全人”。一个“大全”的人，即内在存在向超越存在飞跃的人，他的灵魂飞向了上帝，灵魂便有了自己的归宿。这个灵魂的归宿，就是存在主义哲学家蒂希利所谓的“终极关怀”，人有了终极关怀，就能为此生、为此死。

正是由于人的存在是一个不断自由生成的过程，在生成过程中伴随着人的不断超越。雅斯贝尔斯认为，在教育领域超越实质上是人的自由生成。自由生成意味着不断的超越，超越人原有的精神构造，从而重新筑造新的精神气象。他指出：“人是完整的具有自我生存和发展能力的‘存在’，是精神、存在和理性的总和。”[②]他进一步将这种总和概括为“整体精神”。

由以上论述可知，雅斯贝尔斯的本真教育目的观包括培养“全人”、精神的唤醒、自我超越三个方面，下面展开详细论述。

一、培养“全人”

（一）教育目的观的发展历程

教育的目的是培养人。但是，回顾中外教育理论和实践发展史可知，对于培

①刘放桐：《现代西方哲学》，北京：人民出版社，1981 年版，第 533 页。

②潘懋元：《高等教育学》，北京：人民教育出版社，1995 年版，第 37 页。

养什么人这个问题一直存在着争论和分歧。

在我国古代，教育侧重培养的是“道德人”。这种单纯追求人的道德发展的取向势必导致对人的其他发展取向的压抑或替代。正如郑永廷所指出的：“倡导清心寡欲、小富即安、知足常乐的义利观，压抑了人对物质的追求，抑制了社会的消费需求和生产动力，阻碍了经济的发展。强调重道鄙器、学而优则仕的知识观，导致读书人重道德修炼，轻科学文化，致使人的创造力受阻和我国原创性科技成果不多。德主刑辅、实施人治的政治观，导致人的民主与法制意识淡薄。”①

在欧洲中世纪，由于社会科学成为神学的婢女，神本价值成了社会的主导价值。因此，教育着力培养的是“宗教人”。以培养“宗教人”为目标的德育由于忽视了人的世俗生活需要，因此，极易导致对人的本性的压抑。

近代文艺复兴时期，进步的资产阶级启蒙思想家把人从神的束缚中解脱出来，把发展人自身固有的自然本性作为自己的使命。这一时期的德育主要致力于培养“自然人”。“自然人”相对于“道德人”和“宗教人”来说，无疑具有进步意义，它从某种程度上把人从压抑、扭曲、摧残中解脱出来，从一定程度上也还人以自然本性。但是“自然人”无疑也具有巨大的缺陷，正如石中英指出：“要求教育遵循某种意义上的‘自然本性’是对的，要是要求教育跟随在‘自然本性’的后面亦步亦趋是绝对错误的。这样做，就等于从根本上取消了教育。”②

西方进入18世纪，社会和时代到处弥漫着理性的气息，因此，这个时代也被冠以“理性的时代”。理性主宰着一切，从而使人们无论在何种领域都倡导和歌颂理性，人们对理性的崇拜甚至达到了迷恋的程度。这一时期教育也毫无例外地把培养和塑造“理性人”作为自己的目标。倡导理性、推崇理性本身并没有错，但是过度地、肆无忌惮地夸大理性就会导致对人的情感、欲望的忽视，从而势必导致人的异化。随着资本主义商品经济的迅速发展，“商品拜物教”也应运而生，人们疯狂地迷恋物质财富，从而导致人为物、财富所役，人成了“经济人”，教育沦为培养“经济人”的工具和手段。随着现代科技的发展，教育又沦为了培育和

①郑永廷：《人的现代化理论与实践》，北京：人民出版社，2006年版，第412页。
②石中英：《教育哲学引论》，北京：北京师范大学出版社，2004年版，第104页。

塑造“科技人”“工具人”的手段和工具。“科技人”“工具人”丧失了人之为人的本质和价值,人被异化为同“物”没有区别的“物化人”。

实际上,“道德人”“宗教人”“自然人”“理性人”“经济人”都是对人的全面本质的一种曲解,都是一种片面的、不自由的“单面人”或“单向度人”。马克思主义认为,人的本质只有以一种全面的方式才能把握。这也就是说,人只有作为一个完整的人,才能占有自己的全面本质。要想实现人的全面本质,使人作为完整的人而存在,就必须把实现人的自由而全面的发展作为社会发展和人的发展的终极价值目标。这也是新时期教育主体论所应遵循和秉承的主要原则。因为教育只有以人的全面发展为原则,才能承担起历史和时代赋予它的使命和重任,才能使作为教育主体的人(特别是受教育者)的个性和主体性得到全面的发展,从而实现对人的完整性的塑造,达到对人的德性的完善和满足。[①]

(二)雅斯贝尔斯对“教育与人本真存在”之间关系的理解

雅斯贝尔斯的教育哲学探索都是受这样一个实际问题支配的——人们如何在一个既不为任何理智所认识,也不对任何信仰显示它真正性质的世界中自由而又理性地生活?换句话说,教育与人的本真存在之间的关系是怎样的?一切教育理论的求索最后都服务于这个目的。由是,我们必须从雅斯贝尔斯对人的问题的思考开始探寻其教育哲学的轨迹。

雅斯贝尔斯思考人的问题源于他个人的“现存在(das dasein)”与“世界”的遭遇,其独特的遭遇形成的三个基本的事实给予了雅斯贝尔斯重要影响。

首先,雅斯贝尔斯自童年起便患有支气管炎扩张与心脏机能不全症。这些疾病使他随时有失去生命的危险,因为在当时“患这些病的人最晚会在30岁时因全身化脓而谢世”[②]。这些病症也使他在从业心理诊疗时只能做一个见习医师,并且令他最终放弃了心理诊疗所的工作以及一个精神病学教习的职位,去从事哲学进行纯理论的思考。

---

①于光:《德育主体论》,东北师范大学2009年博士学位论文,第95—96页。

②[德]叔斯勒:《雅斯贝尔斯》,鲁路译,北京:中国人民大学出版社,2008年版,第8页。

其次，雅斯贝尔斯是从心理诊疗所开始他的学院职业生涯的。他对人之精神病痛的折磨以及由此引发的身心关系的思考比一般人有着更为直接和深刻的体验。这一独特体验和经历使雅斯贝尔斯深深认识到，医生不仅仅是技术人员或医学权威，更是相对于病人这一独特生存者的生存者，进而提出了“生存交往”模式[①]，这一模式成为他后来哲学和教育理念的核心。

另外，由于妻子的犹太人身份，雅斯贝尔斯于 1933 年被排挤出学校管理层，1937 年被勒令退休离开教习位置，1938 年起被禁止出版任何著述。纳粹分子甚至准备定在 1945 年 4 月 14 日把雅斯贝尔斯夫妇关进集中营。心理诊疗所里他人被身体折磨与精神扭曲，自己身体的疾病及其引起的内心焦虑，纳粹分子对其身体和精神的双重限制等，使得雅斯贝尔斯面临着生与死的抉择而备受煎熬。

“现存在”的极难处境从来都具有两面性，要么彻底把人压垮成为它的奴隶，要么促使人思考其原因进而从根基处解决问题，雅斯贝尔斯选择了后者。这一点意义重大，它决定了雅斯贝尔斯哲学和教育的生存价值品格。正如当代德国哲学学者吉安多美尼科·波纳尼在 2008 年撰写的文章《再论雅斯贝尔斯》中所说的：“雅斯贝尔斯的生平是示范性的。它表明了一位思者置身于世界的可能性与界限……这是生存哲学的真正特点所在。”[②]

雅斯贝尔斯认为有三个原则促进了西方的进步：一是存在于希腊哲学智慧和犹太先知教义中个体自我的主体性，二是以希腊科学为基础的坚定的理性主义，三是对世界是在时间中的有形实在的信念。[③]这三个原则经过文艺复兴、宗教改革和科学启蒙的洗礼，分别产生了现代社会不断进步的主体——现代人、进步的工具——科学技术、进步的意识——社会，它们是不断进步和完善的，它们共同决定了西方社会的扩张和成功。建立在技术进步基础上的经济生产创造了前所未有的物质财富，保证了人们在一定程度上可以衣食无虞地生活，人口数量

①[德]雅斯贝尔斯:《哲学与信仰:雅斯贝尔斯哲学研究》,鲁路译,北京:人民出版社,2010 年版,第 233 页。

②[德]雅斯贝尔斯:《哲学与信仰:雅斯贝尔斯哲学研究》,鲁路译,北京:人民出版社,2010 年版,第 231 页。

③[德]雅斯贝尔斯:《时代的精神状况》,王德峰译,上海:上海译文出版社,2005 年版,第 12 页。

获得空前增长。商业和市场的发展使得人与人之间的相互依赖和交流更加重要和频繁。通讯工具的变革缩短了时空距离，便利了人们之间的旅行和交流。人们越来越依靠广告和新闻媒体来获得对外界的认识，不再屈从于暴力和专制。人们可以比较自由地建筑宽敞的房屋，创造大众绘画艺术，谱写流行音乐。医疗技术的进步征服了曾经大片灭绝人类的疾病，延长了人类寿命。这一切都使得人们乐于满足于充满安逸的“现存在”，迷信“技术能够克服一切困难”，“民主则是通过大多数的统治而走向所有人的自由的正确道路”。[①]

两次世界大战打破了人们为自己构建的这一美丽童话，揭露了“现存在”安逸的虚假性。并且，战争本身作为上述进步意识和工具的必然结果，把人之生存的脆弱性推向了危险的边缘境地，人类追求美好生活的意志竟然导致自身几至灭绝的后果，这是极具喜剧化的悲剧。经过哲学的求索，雅斯贝尔斯发现，西方的社会进步隐藏着巨大的隐患，两次世界大战只是给予人们的一次警示。为了避免悲剧上演，哲学需要从头开始规划，而对时代问题的诊断则是这一规划的前提。

首先，技术的进步造成了机器的统治。人类通过技术“已经开始把这个星球包裹在一张机械构造的大网内了”[②]，世界成了一个巨大的“企业”，个体被国家依据教育活动赋予的各项功能安排在这个企业内部并成为它的组成部分。个人日常生活中所要做的就是按部就班地完成其功能，进而获得“自我保存”所需要的生活资料。这样，“秩序井然的机器严格地界定了被原子化的人的功能、义务和权利，所有的人都被视作完全可以互换的东西”[③]，人可以完全被置换，只有“机器”不变，人的个性消失在社会性之中。“本质的人性降格为通常的人性，降格为作为功能化的肉体存在的生命力，降格为凡庸琐屑的享乐。”[④]作为家庭纽带的爱日渐减弱；工作退化为机械劳动，失去了应有的快乐；体育也不是为了身体和精神的解放，只是为了单纯追求“破纪录”。作为精神创造的艺术、科学和哲学也都

①[德]雅斯贝尔斯:《时代的精神状况》，王德峰译，上海:上海译文出版社，2005年版，第102页。

②[德]雅斯贝尔斯:《时代的精神状况》，王德峰译，上海:上海译文出版社，2005年版，导言第16页。

③[德]雅斯贝尔斯:《时代的精神状况》，王德峰译，上海:上海译文出版社，2005年版，第36页。

④[德]雅斯贝尔斯:《时代的精神状况》，王德峰译，上海:上海译文出版社，2005年版，第16页。

失去了本真。“艺术变成了单纯的娱乐（而非超越者的象征），科学则变成了对技术实用价值的关心（而不是一种追求知识的原初意志的满足），哲学则变成了一种教条式的或偏激的、虚假的认识（而不是人对于因激进思想而引起的怀疑和危险的防御）。”[①]人的机器化和功能化使人成为一种非精神的存在，他必须依靠机器化的生活秩序而生活，离开它人将无处寻找生活的基础和存在的价值。失去了精神家园的个体完全处于一种支离破碎的被动状态之中，丧失了选择和决定的自由，也不再承担责任。

其次，形成了压制自由个性的群众人格。机器化的生活秩序要求“群众化”的人的联合体与其相适应。群众指这样的集合体，“他们在某种生活秩序的机器中如此接合起来，以致其中多数人的意志和特性具有决定作用[②]”。群众类型多种多样，但是，“凡通过稳定的效能和有组织的投票表决来决定所将发生的事情的团体都是接合起来的群众”[③]。群众中的多数决定了其所有成员的性质、行动与意志。群众意识形成了群众效应，进而形成了决定一切的生活秩序的群众性。像机器化的生活秩序一样，人也必须服从这一“他在”的秩序，通过它保证自己存在的定位。个人融化在群众中成为没有自我的“群众人”。群众人以享乐和自我保存为目的，自愿放弃了自由和责任，不愿容忍独立和卓越，压制创造性而迎合轰动一时的平庸。精神因散漫于群众之中而衰亡，知识因实用而贫困，语言因群众传播而空洞贫乏。与此相适应，社会学表达了群众需要共同体生活的方式，精神分析学表达了群众追求纯粹的生活满足的途径，人种学理论则表达了群众希望借以胜过他人的那种范式。[④]技术性的群众秩序把人异化为某种单一的功能而无法成为他自己，割断了与伟大传统的联系无法回归存在之根，令人迷失在世界的碎片之中无法把握那超越的整体性。人放弃了人之为人的自由和责任，人之本真存在（Existenz）被遮蔽，无法确定真实的自身，时刻面临着虚无和由此产生的畏惧和焦虑。个体的心理变态、行为失常，群众性暴力、人的野蛮状态无非是对虚无的一种反叛。[⑤]

---

①[德]雅斯贝尔斯：《时代的精神状况》，王德峰译，上海：上海译文出版社，2005 年版，第 92 页。
②[德]雅斯贝尔斯：《时代的精神状况》，王德峰译，上海：上海译文出版社，2005 年版，第 7 页。
③[德]雅斯贝尔斯：《时代的精神状况》，王德峰译，上海：上海译文出版社，2005 年版，第 9 页。
④[德]雅斯贝尔斯：《时代的精神状况》，王德峰译，上海：上海译文出版社，2005 年版，第 120 页。
⑤黄英杰、崔延强：《自我唤醒与教育救赎》，《教育学报》2012 年第 1 期，第 34—39 页。

(三)雅斯贝尔斯对人与生存意义的理解

1.雅斯贝尔斯对人的理解

雅斯贝尔斯认为，人应该寻找自己，回到自己的本真状态。雅斯贝尔斯提到，这种回到自己本真状态的思想区别于萨特的观点。萨特认为，人生的意义在于不断地向前走，不断地创造自己，主张自由地选择。雅斯贝尔斯也主张自由抉择，但是二人的侧重点有所不同。在雅斯贝尔斯看来，社会性的人不是真人，做一个真人就要脱离社会，脱离客观世界。这里的分裂与脱离，是雅斯贝尔斯对人的看法的基本原则。在这个基本原则上，雅斯贝尔斯同黑格尔这样的理性主义者处于根本对立的状态。比如，黑格尔相信主观精神和客观精神既对立又统一，相信在历史中就能统一，相信个人可以同一个民族、一个社会统一，得到最好的完成。但是，雅斯贝尔斯认为，如果个人不从社会中分离出来，个人就丧失了自己，与社会分离是人之所以成为人的基础。

在雅斯贝尔斯看来，所谓真人，就是哲人。哲人的起点是对人的存在感到惶惑，因惶惑才能跟社会分离开来。有些哲学家认为，哲学起源于对外界的惊讶、怀疑等。在雅斯贝尔斯看来，惊讶和怀疑只能产生科学思想，增加科学知识，只有惶惑之情才能产生哲学态度，使人被吓回来，退回自身。因为在他看来，人的存在是非常令人沮丧的。人的实际生存不能不在世界里，世界里的势力都想支配人，使人产生对未来的恐惧，对既得利益的患得患失和对坏的可能性的忧心。有些不尽如人意的情况，我们还能够设法躲开、逃掉，但有些情况是我们人作为存在绝对摆脱不了的。也就是说，有些处境即使它们的一时现象变了，被强制力量掩盖起来了，它们的本质也始终不变。人不能不死，不能没有痛苦，不能不斗争，不能不受偶然性摆布，也无可避免地要牵连到罪恶之中，人的存在的这些基本情况，我们称之为“临界境遇”。

在雅斯贝尔斯看来，这样的“临界境遇”就是人的存在的基本情况。雅斯贝尔斯在讨论人的问题时，从分裂开始并以分裂结束。他把人的行为分为内在和外在两个各不相干的部分。外在行为就是按照日常方式去做，只要增加内在行为，做事才会圆满。内在行为让人感到自由自在，觉得有上帝支持，产生爱心，无所畏惧，视死如归。雅斯贝尔斯认为，真正的人，就是深入本原，回到了自身，达到了超越的境界，是天人合一，而不是主客统一。雅斯贝尔斯认为，真正的人就是完全在主观方面统一的人。

在雅斯贝尔斯看来，真正的人首先体会到死亡不是和生存相分离的东西，而是一直渗透到生存的每一个时刻里。死亡虽然在客观上是在生存的终结处，可是在主观上它对每一时刻的生存都起着决定性作用。他认为，像斯多葛派那样把死亡看作纯属未来的事情，与现在毫不相干，因而采取完全忽视的态度，不符合实际情况，只是自我蒙蔽。他认为，人的死亡，英勇地死，不能是有目的、有所为的。总之，一切价值都是从纯粹的本原产生出来的。如果这个死是为了另外某种目的，不管是多么高尚的目的，这种死也不是出于本原，也不是天人合一境界里的死，不是哲学的死，所以雅斯贝尔斯经常说"学习哲学就是学会死亡"①。

2.雅斯贝尔斯对生存意义的理解

在全球化的今天，我们每时每刻都在感受着时代的进步，我们享受着物质带给我们的丰富多彩的生活，那我们应该如何面对生活？这样的问题似乎已经被很多人忽视，至于生存的意义更是无人问津。在雅斯贝尔斯的生存哲学中，生存的意义是重中之重。

一方面，雅斯贝尔斯提到，固执的反抗、虚无主义的绝望、对许多未完成的东西感到束手无策、错误的探求等方面是不受荫庇个体在我们这个时代里的一种表象。雅斯贝尔斯对现代社会感到绝望，以前提倡的道德、责任等问题已不再被看重，甚至被耻笑。人们更加关心物质和金钱，对于我们个体而言，经常会出现价值取向错误或者没有明确的目标，导致精神上的空虚和行动的迷茫，我们是否应该去寻求我们的精神家园？我们的国家是否应该去建设和谐美好的社会主义家园？从个人到国家，精神的世界都是重要的，精神的建设关系到我们的身心健康，关系到国家的未来与前景。我们应该弘扬中华民族的精神与文化，找到我们每个人的归属感——心灵的家。

另一方面，雅斯贝尔斯认为，我们应该在充满精神危机的今天认识自己。不

①李丽：《存在与超越——雅斯贝尔斯的生存哲学研究》，黑龙江大学2012年硕士学位论文，第9—11页。

同的时代认识自己也有不同的含义。由于我们所生存环境的人际关系的复杂化,想不受外界的影响,按照自己的生活方式生存似乎很难。我们要不断实现自我的价值和尊严,不断地超越,获得自由的价值,就应该排除外界的干扰,认识自己并且从内心去寻找生存的意义。雅斯贝尔斯生存哲学也是关于人的哲学,也是一种精神哲学,他更加关注人的精神世界。雅斯贝尔斯用了隐喻的方式说明了生存的意义,但是可以明确的是,做好自己,树立正确的价值观和人生观是雅斯贝尔斯所提倡的,也是我们应该追求的。也就是说,人成为什么样子取决于他如何阐释当代精神状况所强加给他的认识,人是否服从时代所给予他时代力量的统治,取决于他的自我认识。①

(四)雅斯贝尔斯对教育目的之培养“全人”的阐释

教育目的是指教育培养人的规格和要求。那么,雅斯贝尔斯的本真教育认为应该培养什么样的人呢?雅斯贝尔斯的教育目的观集中体现在他对所从事大学教育目的观念上。他认为,当时大学流行的培养高级专门人才的教育目的是有失偏颇的,本真的大学教育是为了培养“全人”。在他看来,大学培养出来的高级专门人才只是为了服务某些目的的。专业工人接受的并非教育,因为技能的练习、专门学问还不能被称为对人的培养,连科学思考方式的训练也不能算,也不是理智的培养或精神生活的培养。这种专门技术的学习称之为“职业训练”,只是将人训练成生产线上的工具,而没有使人成为“人”。因为这样的技能训练,不考虑受教育者的兴趣和理想,只是把一套训练人谋生或为生产商牟利的技能教授给年轻人。这样培养出来的人只知道机械地重复他所掌握的技能,没有情感。雅斯贝尔斯认为,就本源而言,人希望成为真正的人,而非异化的人。②当时的科技教育,满足了工业化大生产的需要和资本家“唯利是图”的本性,把人训练成了工具,把人异化了。

基于对当时大学满足于培养专业技术人才的批判,雅斯贝尔斯提出了他的大学教育的目标——培养“全人”。全人是有教养的人,是一个无所不包的“大全”,是实体、一般意识、精神和生存形成的组合。所谓有教养的人,即受一定时

---

①李丽:《存在与超越——雅斯贝尔斯的生存哲学研究》,黑龙江大学2012年硕士学位论文,第32—33页。

②[德]雅斯贝尔斯:《什么是教育》,邹进译,北京:生活·读书·新知三联书店,1991年版,第27页。

代的理想所陶冶的人。在雅斯贝尔斯看来，观念形态、活动、价值、说话方式和能力等构成了一个整体，并成为人的第二天性。[①]他认为，真正的大学作为探索高深学问的场所，应该承担起培养“全人”的使命。他在《大学之理念》一书中明确指出，“全人的培养”是大学的三大事情之一。他在《什么是教育》中同样认为，“教育和培养”是大学的四大任务之一，“教育和培养”即指“全人”的教育和培养。“大学的教学和科研还应该有更多更高的追求——塑造整全的人，实现一种最宽泛意义上的教育。”[②]

那么，什么样的人才称得上是“全人”呢？雅斯贝尔斯并没有明确界定“全人”的概念，也没有明确指出“全人”的特征。但是，可以从《大学之理念》中零散的论述中得出“全人”的形象。

第一，“全人”是一个身心成熟的人。所谓“身心成熟”，就是指人的自我意识的成熟，生理我、心理我、社会我的成熟。雅斯贝尔斯认为，作为“存在的我”，关键在于自我的觉醒和自我的养成。由此可知，他非常重视自我意识的培养，个体的存在就是为了磨砺自我和修养身心。

第二，“全人”具有渊博的知识。雅斯贝尔斯认为，“全人”不仅需要专业技能，还需要获得“知识的宇宙”或“整体知识”。专业技能只有在人把它当作谋生的手段时，才发挥功效。但是人作为“存在（人自身）”而存在于“超越（世界）”之中，不仅需要生存，更需要理想，因此，需要统一的“整体知识”。“全人”之所以称为“全人”是指其应该具有渊博的知识。

第三，“全人”具有独立意识和自我负责的能力。雅斯贝尔斯认为，“全人”是一个独立的个体，这样他才能自由主动地追求真理，探索真理。同时，“全人”还应该是一个能自己决断、自己选择、自己探究、自己负责的人。这样他才能在探索真理事业中获得自我，获得自由，获得真正意义上的“原初存在”。

第四，“全人”具有科学的态度。科学的态度是指人客观认识存在，怀疑和质

①［德］雅斯贝尔斯：《什么是教育》，邹进译，北京：生活·读书·新知三联书店，1991年版，第4页。
②［德］雅斯贝尔斯：《大学之理念》，邱立波译，上海：上海译文出版社，2007年版，第22页。

问已存真理,客观公正、实事求是地对各种问题和可能反复思考,不断斟酌和追根问底,不断在批判和被批判中对真理进行再认识、再探究和再检验的态度。作为一个“整全的人”,他理应具备这种态度。雅斯贝尔斯旗帜鲜明地强调,大学教育的特色在于教育的科学性上,它强调培养学生基本的科学态度。①

第五,“全人”具有和谐的个性。雅斯贝尔斯认为“全人”应具有和谐的个性,这样他才能在真理事业上有所建树。②

综合上述,在大学教育目的观上,雅斯贝尔斯提出大学科研与教学的目标在于培养“全人”。他认为的“全人”应是身心成熟的人,具有基本的科学态度、独立意识和自我责任、渊博的知识和和谐的个性。虽然他所说的“全人”与我们所倡导的“全面发展的人”有很大的不同,但“全人”意味着人的所有方面的发展,这在当时专业教育日益膨胀,普通教育日渐衰落,大学以培养“专才”为目标的背景下,无疑是对专才教育的“拨乱反正”,是一种具有积极意义的理念。③

二、精神的唤醒

(一)“教育促进人的精神成长”观点的历史追溯

皮埃尔·玛南(Pierre Manent)曾经将教育目的划分为两个:一是教会人们在洞穴中生活,这是有关文明的教育,也就是关于科学知识的教育;二是教会人们走出洞穴,这是关于真理的教育。显然,皮埃尔·玛南是在用柏拉图的“洞穴的隐喻”说明自己的观点。在洞穴中的人们生活在影子和幻象中,被无知和冷漠所束缚。当有人试着去打开身上的锁链时,教育便开始了,人们的灵魂也有了转向的希望。第一个爬出洞穴见到外面真实世界的人代表着教育者,他返回洞穴把真相告知洞穴中的朋友。对于他来说,返回洞穴的意义不仅是和别人共享知识,最重要的是帮同伴解开身心的枷锁,激发他们追寻智慧的愿望,让追寻智慧的过程成为一个在自由中自我创造的过程。

---

①[德]雅斯贝尔斯:《什么是教育》,邹进译,北京:生活·读书·新知三联书店,1991年版,第112页。
②康敏昌:《雅斯贝尔斯教育思想研究及其启示》,湖南师范大学2012年硕士学位论文,第39—41页。
③刘宝存:《雅斯贝尔斯的大学教育理念述评》,《外国教育研究》2003年第8期,第60—64页。

教育就是促进人的精神成长，包含着精神培育和精神的自我创造相结合的意蕴。人是一种未完成的存在，对个体来说，成长就是不断实现个体存在新的可能性，它虽“步步为营”但永无止境。精神成长的机制是“变”，成长的事实是“新”，精神因“变”而“新”，唯有参与“变”的抉择才能享受“新”的成就。“‘变’与‘新’是人向着可能性去成长的方式，这其实就是生活的方式。”[①]因此，教育不可违背人的精神成长的自由诉求，应该在个体精神自由中开始。赵汀阳曾经说：“如果‘好’不能优先于‘应该’，那么‘应该’就是一种精神恐怖主义。”[②]“好”是主体的自我判断，它带有鲜明的情感成分，一个能够发出“好”的声音的人的心灵是开放着的；“应该”则是来自他人的道德训诫，是一种命令的口吻，听到“应该”的人开动着的是他的大脑而非他的心灵。当“应该”优先于“好”的时候，那是教育为自以为无需推敲的观念所支配，以一连串无须学生思考的结论拒绝或阻隔着学生思想的开放的教育，教化的权威沦为一种精神暴力而与精神创造无关。而“好”优先于“应该”意味着个体以自主的判断与选择在参与自身的精神成长而非对他人规训的被动接受。这就是说，让“好”真正享有对于“应该”的优先权，道德教育必须尊重个人自由，以自然的方式将受教育者引向可能的生活，让个体做自我优秀与卓越的创造者。

黑格尔指出，“‘精神’的实体或者‘本质’就是‘自由’……如像一粒萌芽中已经含有树木的全部性质和果实的滋味色相，所以‘精神’的最初迹象中已经含有‘历史’的全体”[③]。在黑格尔看来，精神自由是人之所以为人的本质。精神自由之于人是一种实现自由的能力。因为人的精神是“一种自己回到自己，自己实现自己，自己造就自己，在本身潜伏的东西的一种活动”[④]。从这个层面上讲，社会有责任让每个人的精神参与自我的生成，成为自己选择的幸福生活的创造者。能够参与自我成长的人才是一个具有完整意义的人。由此看来，教育承认人之精神的自由特性就是对人的期待与信任，也是赋予它成长的希望和条件。精神自由是道德教育必须具备的一种教育情势，而非教育或教育者偶发的恩赐或馈赠。反过来说，如果个体在教育中享受不到自我发展和自我创造的自由，他自身

①金生鋐：《规训与教化》，北京：教育科学出版社，2004年版，第8页。

②赵汀阳：《论可能生活》，北京：中国人民大学出版社，2004年版，第35页。

③④［德］黑格尔：《历史哲学》，王造时译，上海：上海译文出版社，2006年版，第16页。

理性和德性的种子也就没有萌发的机会，实际上是处在“被弃置的空无一物的可能性空间”[①]。当教育没有寻求自为的个体生命的承担，教育完全成为一种外在于人的命令体系，它会处处与人相异并形成对人的压制。也就是说，个体远未达到涂尔干所说的“当我们执着于我们自己时，我们就是执着于某种与我们自己不同的东西”[②]。他没有获得能力去基于自己的判断而行动，并对自己、对生活于其中的社会负起责任，也没有能力与他人为担负社会共同生活的责任而自主地形成共契关系。人的自由是相对于世界的自由，对于真理的理解是通过个体内心作出的。因此，人的成长和发展需要自由，如若没有自由，发展即排斥了人的理性与德性的生成而落入了雕刻家式教育家的意志与构想的框架。自由之于人的意义，是对教育提出了关注个体自主发展和自我价值实现的要求。正如范梅南所说：“何谓儿童？看待儿童其实就是看待可能性，一个正在成长过程中的人。”[③]教育的意义即在于促进和见证这个成长过程，帮助个人自由地成为他自己。[④]

(二)雅斯贝尔斯对教育唤醒的理解

雅斯贝尔斯在《什么是教育》一书中，开篇即诠释了教育的内涵。“所谓教育，不过是人对人的主体间灵肉交流活动尤其是老一代对年轻一代，包括知识内容的传授、生命内涵的领悟、意志行为的规范，并通过文化传递功能，将文化遗产教给年轻一代，使他们自由地生成，并启迪其自由天性。”以此为出发点，雅斯贝尔斯反对将死记硬背的知识作为目的，认为知识只是启迪自由天性的手段。他指出，对终极价值和绝对真理的虔敬是一切教育的本质，缺少对绝对的热情，人就不能生存，或者人就活得不像一个人，一切就变得没有意义。[⑤]由此可知，雅斯贝尔斯认为教育的本质是精神的而非物质的，是人的灵魂的教育，而非理智知识和认识的堆积，是怀有对终极价值和绝对真理的虔敬态度而坚持自身的独立价值和天然品质的教育，而非在物欲的诱惑中成为“实利的下贱侍女”。

雅斯贝尔斯更强调的是一种精神的唤醒。他有一句振聋发聩的名言——“教

①[德]雅斯贝尔斯：《什么是教育》，邹进译，北京：生活·读书·新知三联书店，1991年版，第80页。

②[法]涂尔干：《道德教育》，陈光金译，上海：上海译文出版社，2006年版，第55页。

③[加]范梅南：《教学机智——教育智慧的意蕴》，李树英译，北京：教育科学出版社，2001年版，第1页。

④方新文：《对话德育论》，河北师范大学2009年博士学位论文，第231—233页。

⑤吕星：《雅斯贝尔斯的教育思想述评——雅斯贝尔斯〈什么是教育〉解读》，《前沿》2005年第8期，第79—80页。

育的本质意味着，一棵树摇动另一棵树，一朵云推动另一朵云，一个灵魂唤醒另一个灵魂。”教育的魅力在于唤醒，唤醒教育是一种心与心的对话与交融。毕竟教育是一种特殊的职业，它以教书育人为根本的宗旨，最强调的莫过于其对人格塑造的孜孜以求。需要时时提醒教育面对的是活生生的个体，他们有各自的生活体验，教育者不能因为自己是教育者而“对学生耳提面命，不能与学生平等相待，更不能向学生敞开自己的心扉。这样的教育者所制定的教学计划，必然会以我为中心”①。由此可见，雅斯贝尔斯所强调的教育是要让师生置于一个平等的教育环境里，学生可以自由发挥自己的聪明才智，和他们的引导者——教师自由平等地对话。而如何使教育的文化功能和对灵魂的铸造功能融合起来，成为人们对人的教育反思的本源所在。

与雅斯贝尔斯同时代的德国教育家斯普朗格曾说过：“教育的最终目的不是传授已有的东西，而是要把人的创造力量诱导出来，将生命感、价值感唤醒。”②马克思也说：“教育绝非单纯的文化传递，教育之为教育，正是在于它是一种人格心灵的唤醒。”因此说，教育的核心所在就是唤醒。这三位德国思想家同时把欣赏的目光对准唤醒，这绝非偶然。德语中教育是 erziehung，有“引导、唤醒”的意思。这也从另一个侧面说明了雅斯贝尔斯的唤醒教育的深刻的思想渊源。现代教育学认为，教育就是教育者根据一定的社会要求，有目的、有计划、有组织地对受教育者的身心施加影响的活动。可见，从某种意义上说，教育和唤醒有着千丝万缕的内在联系。教育本身即是对人的本性、潜能的引导、唤醒，并对人的身心施加影响使之臻于完美的过程。这正是基于雅斯贝尔斯认为教育的本质是精神的，而非物质的，是非物欲诱惑下的教育，是人的灵魂的教育。教育之真的核心思想是“以对人的灵魂陶冶”为核心的。

基于此，雅斯贝尔斯最推崇的教育形式是苏格拉底式的教育。从教育意义上看，教师和学生处于一个平等地位。教育双方均可自由地思索，没有固定的教学方式，只有通过无止境的追问而感到自己对绝对真理的一无所知。因此，教师应激发学生探索求知的责任感，并加强这种责任感。这是苏格拉底的“催产式”教育原则。也就是说唤醒学生的潜在力，促使学生从内部产生一种自动的力量，而不

①[德]雅斯贝尔斯：《什么是教育》，邹进译，北京：生活·读书·新知三联书店，1991 年版，第 1 页。
②邹进：《斯普朗格文化教育学思想概览》，《外国教育》1988 年第 3 期。

是从外部施加压力。苏格拉底式的教育一贯反对教师做学生的最大供求者，而是要求教师使学生把注意力从教师身上转移到学生自己身上，而教师本人则退居暗示地位。师生之间只存在善意的论战关系，而没有屈从依赖关系。①这种关系在雅斯贝尔斯看来无疑是一种理想的教育形式，可以充分发挥教育双方的能动性，使学生成为学习的主体，教育者充其量不过是“引领者”。正是基于这样的教育理念，雅斯贝尔斯真切地呼唤和赞美“苏格拉底式”的教育家，要求他们通过平等的对话和理智的发问引发学生内心的“真理之光”，引导学生一步步趋向“超越”和“自由”的境界。②

“教育绝非单纯的文化传递，教育之所以为教育，正是在于它是一种人格心灵的唤醒”，这是教育的核心所在。那么，唤醒什么？雅斯贝尔斯认为，教育的目的不是传授或接纳某种具体的知识、技能，而是要从人生命深处唤起他沉睡的自我意识，这是人作为个体的创造力、生命感、价值感的觉醒。在教育的过程中，不仅要从外部解放成长者，而且要解放成长者的内部力量，这才是成功的教育。因此，教育应该是把受教育者培养成一个具有自主性的个体、一个情感独立的个体，这样个体才能有独立自主的行为，才能在社会上有立足之地。心理学家认为，缺乏自主性的个体，在情感、情绪上都高度依赖别人，不能为自己创造心理上的满足，他们要获得情感上的满足，就必须按照父母的价值观来思考、行动。

如何唤醒？唤醒是一种教育艺术。教育面对的是沉甸甸的生命和灵魂，需要教育者“掌握一种神奇的力量，他们唤醒自己，也唤醒他们接触的人”。教育者只有首先施加深沉的师爱，再加以各种教育唤醒的手段和方法——信任和宽容、惊叹和鼓励、期待和发现、启发和引导，教育才会变得灵巧而有效，从而产生“神奇的力量”。正如印度大文豪泰戈尔所说，不是锤的打击，而是水的载歌载舞才使鹅卵石臻于完美。教育者最需要的是酿造甘霖的艺术。只有真正的甘霖才能滋润一颗颗深处萌动的稚嫩心灵。教育的最高极致就是教育者不留痕迹地施教，让受教育者在和风细雨中吮吸教育的雨露，而不是教育者高高在上地执起教鞭俯瞰受惊吓的受教育者。③

---

①[德]雅斯贝尔斯：《什么是教育》，邹进译，北京：生活·读书·新知三联书店，1991年版，第8页。

②胡炳仙：《教育即生成——雅斯贝尔斯〈什么是教育〉解读》，《煤炭高等教育》2007年第1期，第43—45页。

③牛晓颖：《问题与策略：解读雅斯贝尔斯的唤醒教育》，《南昌教育学院学报》2009年第1期，第54—56页。

（三）回归本真教育：精神与灵魂的培养

雅斯贝尔斯认为，“青年学生感到生活是严峻的，这是因为对他来说，现在比将来更具有决定性的意义，他还具有可塑性和发展的充分可能性。他已清楚地意识到要成为完整的人全在于自身的不懈努力和对自身的不断超越，并取决于日常生活的指向、生命的每一瞬间和来自灵魂的每一冲动。毋庸置疑，年轻人都希望受教育，能从师获益，能进行自我教育，并与人格平等的求知识获智慧的人进行富于爱心的交流”[①]。的确，人类认识世界和认识自己的方式固然有许多，而教育不同于其他方式之处就在于它是一种人与人的精神相契合的活动。教育依赖于精神世界，教育不能独立，它要服务于精神生活的传承。

因此，在雅斯贝尔斯看来，“所谓教育，不过是人对人的主体间灵肉交流活动（尤其是老一代对年轻一代），包括知识内容的传授、生命内涵的领悟、意志行为的规范，并通过文化传递功能，将文化遗产教给年轻一代，使他们自由地生成，并启迪其自由天性”[②]。的确，教育的原始含义是“引出”。柏拉图在《理想国》中借苏格拉底之口，通过“洞穴中的囚徒”这个著名的隐喻说明了“引出”的真正含义——把人的心灵与精神从低处引向高处，从黑暗引向光明，从自然性引向社会性，从个体性引向总体性，从单一性引向普遍性，从现实性引向历史性。真正的教育只是“促使灵魂的转向”并“用力将灵魂向上拉”，引导灵魂到达高处的真实之境，从意见世界引向真理世界日臻完善的王国。“并不像某些人在自己的职业中所宣称的那样，能把灵魂里原来没有的知识灌输到灵魂里去，就好像他们能把视力放进瞎子的眼睛里去似的。”[③]人受教育的过程就是人生态度的转向过程，而不在于一些能够满足外在世俗性需要的具体知识、技能的掌握。在这个过程中，人的精神生活的充实、理想世界的开拓，从本质上提升着人生的价值和意义，拓展着人生的快乐和幸福，这理当成为教育的根本关怀。

在雅斯贝尔斯看来，知识的传授与精神的关注对于培养学生、培养“人”而言都是十分重要的。并且他强调对精神的关注应该是重于知识的传授的，任何科学知识的获取必须建立在精神的导向基础之上。如果没有对学生精神世界的积

---

①［德］雅斯贝尔斯：《什么是教育》，邹进译，北京：生活·读书·新知三联书店，1991年版，第1—2页。
②［德］雅斯贝尔斯：《什么是教育》，邹进译，北京：生活·读书·新知三联书店，1991年版，第3页。
③［德］雅斯贝尔斯：《什么是教育》，邹进译，北京：生活·读书·新知三联书店，1991年版，第32页。

极建设，再有效的知识传授也不过是徒有其表，不值得一提。他认为，“对于儿童来说，最重要的不是掌握科学，而是以直观的图片和形象来充实他们的精神世界。教育过程首先是一个精神成长过程，然后才成为科学获知过程的一部分”[①]。教育的文化功能与对灵魂的铸造功能必须通过有效的方式、方法融合起来，而不是顾此失彼。“无休无止地招收学生，增加所谓必需的讲座和练习，像填鸭般地用那些诸如形而下之‘器’的东西，塞满学生的头脑。而对于本真存在之‘道’却一再失落而不顾，这无疑阻挡了学生通向自由精神之通衢。不成系统的专业和知识，传授考试技巧等等，这些都削弱了原初的精神生活，削弱了学生的反思能力，以及独立自主的个性和对一个问题反复思考的习惯。”[②]也许是对教育中存在的问题的深刻认识，雅斯贝尔斯觉得这反而让今天学校的任务更为明确，“创建学校的目的是将历史上人类的精神内涵转化为当下生气勃勃的精神，并通过这一精神引导所有学生掌握知识和技术”[③]。

柏拉图早就说过：“教育非它，乃是人的心灵转向。”面对如今的教育，不得不承认，我们在这方面做得还远远不够。过多关注教育的文化功能和其对物质世界的种种“贡献”，但对于人的精神世界的构建还关注不够，应该在教育中把这两者很好地融合起来。[④]

三、自我超越：从生存走向存在

（一）存在与超越：雅斯贝尔斯的哲学观

雅斯贝尔斯的教育观，是其存在主义哲学思想的直接反映。他首先提出并回答了什么是人的问题。他认为，不应该把人作为自由的存在物来描述，而是作为精神，作为超出主体和个体的力量去理解。人是作为自由的可能性的存在，人生是人这个存在对“上帝”（即人的完满状态）的内心体验的过程。在这个过程中，人的使命是不断超越，从而达到与“上帝”“合二为一”的目的和结果。只有通过

①柏拉图：《理想国》，郭斌和译，北京：商务印书馆，1987年版，第277页。

②③［德］雅斯贝尔斯：《什么是教育》，邹进译，北京：生活·读书·新知三联书店，1991年版，第33页。

④孙珺、孙自强：《当今教育之新反思》，《湖北教育学院学报》2006年第1期，第82—84页。

不断的“超越”，人才能最终认识到“无所不包者，或大全”，即“存在”自身。雅斯贝尔斯特别强调个人自由，强调人的自由抉择对生命的意义。他认为，自由的存在或不存在不能靠科学的必然性知识和经验的知识来证明，也不能在概念上加以规定。只有超越“自身”，人与“上帝”进行对话和交往，并且遵循与“上帝所预定的合理的目的相一致的行动”，人才能得到真正的自由。雅斯贝尔斯正是基于其“存在、自由、超越”的哲学观，呼吁人的存在信仰和自由对人的意义，弘扬了人的主体价值和主观能动性，形成了雅斯贝尔斯存在主义教育思想的基础，并集中体现在其教育著作——《什么是教育》一书中。①

人的存在是一个不断自由生成的过程，在生成过程中，伴随着人的不断超越。但是由于时代精神气象的萎靡和教育的失落，教育领域中存在着教化的普遍降格与能力的专业化倾向，人们对“我是谁”“我要到哪儿去”等哲学的本源问题苦苦思索而找不到答案。其原因在于，一是人们对本真教育的一无所知，二是对自身需求的无知。雅斯贝尔斯基于以上情况，以存在主义为本源深刻地揭示出，任何一个人都有无限的潜能，只是他还没有意识到这种潜能如何得以开发。他希冀通过本真的教育，使人们无条件地追求知识和绝对真理，人的无限潜能能够使人找到终极价值，实现人的超越。

为了印证人类历史上存在过精神超越的现象，雅斯贝尔斯提出了“轴心时代”的概念。该“轴心时代”指的是从公元前800年至公元前200年。这一时期，在巴勒斯坦、波斯、印度、中国、小亚细亚和希腊形成了人类的新思想基础。大量的宗教、哲学与先知的诗作纷纷展现出来，人类由此取得延续至今的规范性知识结构。他认为，在那个特殊的时期，各地都呈现出这个时代的新颖之处，即人意识到完整的存在，意识到自身及自身能力的限度，人感到世界的可怕与自身的渺小，提出了极端的问题，在面临深渊时寻求解放与解脱。人在意识到自身能力的限度时，为自己提出了最高目标。轴心时代的思想文化是一个历史事实，相反，将它提升为世界文化的轴心则是一种历史哲学评价。雅斯贝尔斯将轴心时代当作向新的人的存在的转折，当作现今的人类生活规范的起源。该时期创造出了至今仍在使用的基本知识范畴，创造出了至今人们仍据以生活的世界性宗教的思想

①胡炳仙：《教育即生成——雅斯贝尔斯〈什么是教育〉解读》，《煤炭高等教育》2007年第1期，第43—45页。

苗头。那是一个以神话为逻辑的时代，是哲学的开端，那个时代首次出现了哲学家，人们勇于作为个人依赖自身，人实现了精神上的一次伟大超越。

雅斯贝尔斯认为，在教育领域超越实质的是人的自由生成。自由存在意味着不断地超越，超越人原有的精神构造，从而重新筑造新的精神气象。一个国家要想振兴教育精神，就必须让教育的内涵超越实用的技术教育和宗教限制。[①]自我遗忘的教育倾向一直存在于人身上，这意味着教育的目的是实现人的自我教育，唤起人们自我教育的意识。教育需要人从规训中脱身出来，以免迷失于不经思考的理所当然之事，固定在学习生活模式之中。教育哲学思考就是意识到自身的起源，回归自身，在内在教育行动中依靠自己的力量来做出自我超越的决断。教育过程中，超越是每一个具体的个人由有限和相对通向无限和绝对的活动，表现了人的自由的真正存在。通过教育，人感受到深刻的自我存在与澄明的超越所具有的无条件性，在超越中人找到了无穷理解的根源，回归到自己的自由本性，成为本真的、独立的人。[②]

（二）教育的目的是使人从生存走向存在

雅斯贝尔斯认为人的发展是一个自由生成的过程，但是在生成中人的精神内涵有不断向上超越的潜能。人在历史条件下并非已经不再发展，不可改变，而是有无限发展的可能性。因此，他认为“生成的静态形式即习惯，动态形式即超越”[③]。人只有不断超越其自身才能成为真正的、大写的人，任何人都意识不到自己心灵中沉睡的潜能。教育要服务于精神内涵的不断超越，教育要唤醒人的精神世界中所未能意识到的一切。雅斯贝尔斯经历了两次世界大战，战争的巨大破坏作用和技术的使用使得他深刻反思教育与精神内涵之间的关系。他坚定地认为，社会发展的倒退有精神式微方面的原因。雅斯贝尔斯指出，“我们之所以为人，是因为我们怀有一颗崇敬之心，并且让精神的内涵充斥于我们的想象力、思想以及活力的空间。精神内涵通过诗歌和艺术作品所特有的把握方式，进入人的心灵之中”[④]。真正的权威来自于人内在的精神内涵。[⑤]

---

①[德]雅斯贝尔斯：《什么是教育》，邹进译，北京：生活·读书·新知三联书店，1991年版，第68页。

②⑤朱欣、谢冬平：《对雅思贝尔斯存在主义教育哲学之阐述》，《学术交流》2012年第2期，第189—193页。

③[德]雅斯贝尔斯：《时代的精神状况》，王德峰译，上海：上海译文出版社，2005年版，第15页。

④[德]雅斯贝尔斯：《时代的精神状况》，王德峰译，上海：上海译文出版社，2005年版，第56页。

雅斯贝尔斯认为,精神内涵超越的过程是一种精神的冒险,人们对于超越人本身的事物怀有深切的渴望。但是并非每个接受过学校教育的人都学到了教育的真正内涵。教育的成效不是以语言、实用技能的获得来衡量,而是培养人对于精神受震撼的内在准备。对于如何实现精神内涵的超越,雅斯贝尔斯主张用古代希腊文化、东方文明等人类历史的优秀文化和艺术来使人们完成从此在到存在的精神内涵超越。他主张教育应教会学生用哲学的眼光思考人和人生的问题。他认为,“哲学教会我们直面现实中的幸与不幸,摆脱世俗的偏见,从另一个角度反思,而不被表面的现象所羁绊”①。而哲学却是不可言说的,只能靠受教育者去参悟人生与世界。雅斯贝尔斯用诗一般的语言描述哲学的作用:“哲学之思开启了我们与生俱来的精神之眼。”他还认为艺术也能使人的精神内涵实现超越,艺术以绘画、音乐和诗歌等形式去唤醒人的本然存在,艺术感动着人的精神世界,而人又通过艺术认识到自己当下的超越层面。②“欣赏艺术作品可以带来震颤、神驰、愉快和慰藉,这是理性所不能望其项背的。”③

雅斯贝尔斯期待着一种新的教育的出现。这种教育不止教人生存、谋生,而且是能使人存在的教育。在自然条件很差、资源有限的情况下,人的主要目的是获得足够的物质保障和安全保障,受教育的主要目的是保全生命,是生存。但是,生命保持着原始的整体性。而在物质主义流行的今天,生存的压力仍然很大,受教育者肩负着生存和精神的双重压力。正如弗罗姆所言:“现代消费者已可以等同于这样一个公式:我就是我所占有和我所消费的一切。”④教育的任务就是让人充分地占有知识,并获得与其占有知识量相当的社会地位与经济收入。将人塑造成一个具体的模型,使人得以生存,使人获知,使人有技术,使生活获得更多的物质保障和享受。但是却使人陷入物质与自我的牢笼,遗失了生命的本原和意义。

而存在的教育使人突破当时当地的局限,进入更为广阔的世界,使个人突破

①[德]雅斯贝尔斯:《时代的精神状况》,王德峰译,上海:上海译文出版社,2005年版,第160页。

②[德]雅斯贝尔斯:《时代的精神状况》,王德峰译,上海:上海译文出版社,2005年版,第93页。

③[德]雅斯贝尔斯:《时代的精神状况》,王德峰译,上海:上海译文出版社,2005年版,第94页。

④[美]弗罗姆:《占有或存在——一个新型社会的心灵基础》,杨慧译,北京:国际文化出版公司,1989年版,第25页。

狭隘的个体之间分隔的墙，进入他人和历史之中，进入“类”的存在之中，并因此而达到澄明、丰盈、完满而无限的境界。教育是生命本质觉醒和显现的过程，教育是个人向“类”、世界和自我不断开放的过程。

雅斯贝尔斯认为，“教育正是借助于个人的存在将个体带入全体之中。个人进入世界而不是固守着自己的一隅之地，因此他狭小的存在被万物注入新的生机。如果人与一个更明朗、更充实的世界合为一体的话，人就能够真正成为他自己”[①]。

同样，有学者也呼吁，不需要单子式的人，而需要走向世界历史的人。人应在不断的交往和沟通中，达到相互理解，具有更广阔的社会视角。“逐步发展起一种我中有你，你中有我，小我之中有大我（社会、世界），大我之中有小我的个体——个人正在走向世界历史性的存在，也即是走向类的存在，类主体的发展阶段。”[②]

从以上对教育目的的描述中，大抵可以看到一种共识。教育并不是将人具体地塑造成某种工具，而是使人成为存在的人、不断发展和超越的人。任何具体的规定的教育目的都有沦为虚妄的危险，只有将生命导向完整和无限的教育目的，教育才有意义。

弗罗姆曾引用爱克哈特的观念来说明人的存在的含义：“存在就是生活、劳作，就是繁衍更新，就是流动和奔腾，就是生产创造。在这个意义上，它正是占有、自我义务和利己主义的反面。”生命的存在状况是我们理想的蓝图，是一幅可以企及的美丽画卷。而生命视角中的教育，不只是教人谋生，而且是教人发挥潜能，成为他自己，不盲从盲信，教人发现生命内在的意义，欣赏生命，尊重和理解别人的生命。最重要的是，教育要引导人走出自我中心和欲望的藩篱，将人们的兴趣引向更宽广的社会、生活和创造的领域。[③]

---

①[德]雅斯贝尔斯：《什么是教育》，邹进译，北京：生活·读书·新知三联书店，1991年版，第54页。

②郝克明：《面向21世纪：我的教育观》，广州：广东教育出版社，2000年版，第391页。

③程红艳：《教育的起点是人的生命》，《现代教育论丛》2003年第5期，第1—6页。

第五章

本真教育的借鉴与反思

18 世纪以前的欧洲教育，应当说是一种“悠闲”的教育，秉承古希腊教育的传统——“悠闲出智慧”，教育的最高目的不是让人去追名逐利，而是在教育中获得陶冶，获得智慧。但是，伴随现代化进程出现的功利主义，教育的目的发生了偏移，不再是培养人的灵魂和社会的继承者，而是把人当成手段，培养的是追名逐利的工具。因而，本真的教育应当是什么，成为当今人们对教育的追问的核心。①

雅斯贝尔斯以一个哲学家特有的敏锐眼光，智慧地洞察了教育的弊端，指出其种种诟病。我们不得不说，雅斯贝尔斯对教育的遗憾与不满也是我们的遗憾与不满。从《什么是教育》问世至今，学校的教育在某种程度上来说，仍然在以雅斯贝尔斯所不满意的方式进行着，带着浓重的经院教育与师徒式教育的味道。目前通行的教育几乎“毫无创新精神”可言，其给予学生的，是知识的简单灌输，是“白纸黑字的书本”，是“现成的结论和答案”，②它忽略了思考的过程，丢弃了对知识的渴望。这样的教育，实际上与教育的本质背道而驰。③

虽然雅斯贝尔斯的教育思想有其难以克服的局限性，但是他坚持人“主体性”的主张，体现了对“人”的培养，提倡整体教育和学生在学习中自由创造，主张强调自我教育、倡导民主平等的教育方式，注重在教育教学中运用陶冶、对话和交往的方法等，弘扬了人的主体价值和主观能动性，不仅对个性化教学有启发意义，而且对我们今天转变教育观念、迎接时代挑战、反思现实的教育，具有重要的指导意义和价值。④

---

①赵同森：《唤醒灵魂的教育——雅斯贝尔斯教育思想解读》，《教育理论与实践》2006 第 9 期，第 1—3 页。

②[德]雅斯贝尔斯：《什么是教育》，邹进译，北京：生活·读书·新知三联书店，1991 年版，第 7 页。

③李峻、刘玉杰：《教育的本真：自由的生成与精神的唤醒》，《大学教育科学》2007 年第 4 期，第 15—19 页。

④周颖莹：《个性化教学中的雅斯贝尔斯教育思想研究》，《岳阳职业技术学院学报》2008 年第 2 期，第 35—38 页。

一、对当下我国教育的启示

（一）教育目的深化：从单向度人到全人

从一定程度上说，当前的教育过于注重科学技术知识的传授而忽视了人文素质的培养，导致学生物质和精神的失衡，培养的人成为没有精神和情感生活的单纯技术性和功利性的"单向度人"。长此以往培养出来的学生将会发展成为重理性轻情感、重事实轻价值、重功利轻道德、重物质轻精神的人性极度缺失的人。

雅斯贝尔斯认为，学生仅仅获得知识是不够的，应成为"全人"，教育应该是一种"全人教育"。严格意义上的全人教育，能提升一个人的人文素养，即能听取辩论，有理解力，能兼顾别人的论点考虑问题，并能做到诚实、自律和表里如一。当然，雅斯贝尔斯并没否认自然科学在人类社会发展进步中的作用。但是，他更强调要在专业教育中给学生"科学思想的构架"，要学习研究问题的思路和方式。他认为，人文学科比其他学科更深刻而直接地揭示了人的本性与世界的冲突，也更加展现了人本性中"美"的"超验"力量，因而更加有利于人的自由发展。为此，他批判现代社会因人文精神失落给人类精神世界的陶冶带来的冲击。雅斯贝尔斯指出，要振兴教育就必须让教育的内涵超越实用的技术教育和宗教限制。科技讲求的是生产力和强大的武器，而精神要求的则是人的转变。前者只能制造装备，把人变成工具，并且导致毁灭。后者使人悔改，变成真正的人。"借助精神的转变，人们不但不会被生产力和制造武器的技术打败，反而能掌握它们，挽救我们的生存。"[①]

概言之，教育不能将学生视为"器物"而忽视对其精神的培养，使学生成为只懂得专业技术的"单向度人"。教育要回归到"全人"的教育，要对学生进行全面的教育，也就是精神的培养。这种教育应把人文教育与自然科学的教育相结合，是一种广义的文化教育，是整个人的教育。[②]

运用雅斯贝尔斯的本真教育思想对照当下的教育现状，发现教育有两个根本弱点。"第一个弱点，教育忽视了受教育个体所具有的各式各样的表达形式和手段。第二个弱点，教育不考虑受教育个体各种不同的个性、气质、期望和才能。"[③]也

①［德］雅斯贝尔斯：《什么是教育》，邹进译，北京：生活·读书·新知三联书店，1991年版，第69页。

②白逸仙：《大学教育：一种培养全人的精神交往》，《辽宁教育研究》2008年第5期，第88—91页。

③联合国教科文组织国际教育发展委员会编著：《学会生存——教育世界的今天和明天》，北京：教育科学出版社，1996年版，第263页。

就是说，教育的根本问题是忽略了个体作为丰富完整的人之存在，忽视了人的现实属性，把人当作一个“单向度人”来对待。造成教育的两个弱点的最直接的原因，是对人的生命体验的忽视。所以，我们的教育必须回归生活，以“现实的人”为切入点，重视人对自身的关注、尊重以及对人的主体性的高扬，强调独立人格的真正确立。同时，还强调人要以一种全面的方式形成自己的全面本质。

雅斯贝尔斯的理论重视“现实的人”，抨击了现实教育中忽视人、压抑人的现象，呼吁教育改革，并声称“人的回归才是教育改革的真正条件”①。他也指出教育目的应该促进受教育者接受教育和成长，成为一个躯体、心智、情感、精神、心灵力量融汇一体的人。简单地说，就是情知合一而又充分发展的人，即“全人”。基于雅斯贝尔斯的教育理论，教育目的和内容必须符合人的全面发展的要求，只有这样，我们的教育才会深入人心，影响久远。

1.树立自我教育主体意识，保证教育的正确方向

同所有存在主义者一样，雅斯贝尔斯所重视的人是作为“现实的、个体的人”，他十分强调学生的自我教育。“我一直认为真正的教育是自我教育。”②“教育的过程是让受教育者在实践中自我练习、自我学习和成长。”③可见，雅斯贝尔斯在此所强调的自我教育是受教育者在实践体验的背景下的自我驱动行为，是受教育者在主体意识基础上产生的自觉意识行为。雅斯贝尔斯认为，个人的发展只能依靠自己的努力，教育者的使命就是把受教育者引到自我教育的道路上去，“教育帮助个人自由地成为他自己，而非强求一律”④。由此可见，雅斯贝尔斯所强调的自我教育的目的就是让学生在学习实践的过程中自由学习，自由成长。也就是说，在雅斯贝尔斯看来，教育在很大程度上是受教育者主体性参与和实现的过程。在这一过程中，受教育者能通过积极的自我探究和自主发现来学习。因此，在教育的过程中，要重视受教育者的地位，尊重受教育者的独立性和主体性，引导受教育者积极主动地学习，促进受教育者树立自我教育主体意识。这就要求教育者针对不同受教育者的特点采取不同的启发、激励、引导方式，促

①[德]雅斯贝尔斯:《什么是教育》,邹进译,北京:生活·读书·新知三联书店,1991年版,第51页。
②[德]雅斯贝尔斯:《什么是教育》,邹进译,北京:生活·读书·新知三联书店,1991年版,第4页。
③[德]雅斯贝尔斯:《什么是教育》,邹进译,北京:生活·读书·新知三联书店,1991年版,第55页。
④[德]雅斯贝尔斯:《什么是教育》,邹进译,北京:生活·读书·新知三联书店,1991年版,第5页。

使受教育者不断地自我反省、自我调节、自我控制、自我完善，提高其自我教育的自觉性，引导其树立自我教育主体意识。

在引导受教育者树立了自我教育的主体意识之后，还必须引导受教育者掌握自我教育的正确途径，保证自我教育的正确方向。“推动自我教育主体进行自我教育的内部动力，是主体自身的现实自我与理想自我的矛盾，矛盾运动的结果是不断地否定现实的自我，促进现实自我向理想自我的转化。”[①]由此可见，自我教育是通过受教育者自身思想的矛盾运动进行的。根据这一矛盾运动的规律，做好受教育者的自我教育工作要做好以下几个方面的具体工作。

首先，因势利导，实现自我。积极引导、促进受教育者主体意识的发展，激发受教育者完善自我教育内部动力，促使受教育者产生主体自身的现实自我与理想自我的矛盾运动，实现自我教育的内部激励，使受教育者正确认识到自我教育的重要性和必要性。

其次，树立信心，激励自我。一个具有较强的自尊心和自信心的受教育者更容易接受对他的教育和引导，更容易对先进的思想和科学理论产生兴趣。尊重和保护受教育者的自尊心，培养受教育者的自信心，是促进和激励受教育者主体意识发展的重要因素。

最后，情感体验，升华自我。教育者应更多地从受教育者情感体验和取向认知的角度来引导受教育者自我教育，使受教育者在心理上产生自主感和信任感，升华受教育者对教育目标的认同感，促进受教育者对理想自我的认识，加速受教育者个体的现实自我与理想自我之间的矛盾运动。[②]

2.创设自我教育的良好氛围，促成自我教育良性循环

营造一个积极、民主、宽松的自我教育氛围，必将有利于更大地发挥教育集体自我教育的作用，也有利于受教育者个体自我教育能力的培养。这是因为，在

①祖嘉合:《论自我教育》,《探索与研究》2003年第3期,第9—11页。

②陈兆翰:《雅斯贝尔斯存在主义视域下体验式思想政治教育研究》,西北师范大学2012年硕士学位论文,第51—53页。

积极、民主、宽松的自我教育氛围之中，受教育者以主人翁身份，自觉地投入教育活动中，而这必将激发受教育者的自觉性和主动性，从而促进个体自我教育能力的提高，并潜移默化地影响集体中的其他个体，促使整个集体自我教育水平的提高。因此，在教育过程中要创造良好的自我教育环境，增强自我教育的实效。

首先，创造平等和谐的师生关系。平等和谐的师生关系对教育工作的顺利开展具有极其重要的意义，雅斯贝尔斯批判在教学的过程中以教师为中心的不平等的师生关系。他指出，教师不能"认为自己比学生优越，对学生耳提面命，不能与学生平等相待，更不能向学生敞开自己的心扉"①。这样必然导致教师越来越对学生缺乏爱心，"以至于不是以爱的活动而是以机械的、冷冰冰的、僵死的方式去从事教育工作"②。所以，在雅斯贝尔斯看来，有不平等的师生关系的教师和学生是不可能进行有效交流的，从而阻碍了教学活动的顺利开展。在日常的教育工作中，教育者要力求创造一个和谐平等的师生氛围，努力提高自身素质，从人格和精神上去感染受教育者，使受教育者在和谐的教育氛围中耳濡目染，受到熏陶。③

其次，创建自我教育的文化环境、氛围。文化氛围一旦形成，就会以其"历史积淀而成的场域约束力对社会文化中的思潮导向、价值原则及能力要求等进行过滤和折射"④。可见，文化氛围具有极强的引导和凝聚功能。在教育过程中引导受教育者进行自我教育，在充分调动受教育者自我教育的积极性的同时，还要营造一个"因人制宜、因地制宜的文化环境，为受教育者创造一个自由轻松的文化教育空间，从而实现自我建构和塑造，完成自我教育的内在转化"⑤。

最后，创建家庭教育、学校教育与社会教育的协调机制。"自我教育是在家

---

①②[德]雅斯贝尔斯：《什么是教育》，邹进译，北京：生活·读书·新知三联书店，1991年版，第1页。

③陈兆翰：《雅斯贝尔斯存在主义视域下体验式思想政治教育研究》，西北师范大学2012年硕士学位论文，第53—54页。

④孙明、朱洵：《探索大学生自我教育的有效途径》，《中国特色社会主义研究》2005年第1期，第84—87页。

⑤张官禄：《思想政治教育视野下自我教育机制的构建》，《思想教育研究》2010年第3期，第1—3页。

庭教育、学校教育与社会教育的基础上建立起来的一种自觉的教育活动。同时，也是三种教育的最终归属与期望。而真正能否达到教育者所期望的教育结果，除了要激发受教育者自身内在需要，即强有力的动力机制与教育环境的保障机制，同时也要将家庭教育、学校教育、社会教育三者进行协调，建立起自我教育的协调机制。”[①]可见，只有将家庭教育、学校教育、社会教育三者协同起来达成一致的目标，才能使受教育者建立起较为一致的自我价值观，才能进行合理的自我教育。但是也要注意，鼓励自我教育，尊重受教者个体的主动性和生命的独特性，并不是放任个体的自由和思想。正如美国教育家赫钦斯指出的那样：“人生来是自由的，也生来是社会性的。为了正当地运用它的自由，需要纪律。为了在社会中生活，它需要德行。为了最充分地发展人的本性，需要有良好的道德的和理智的习惯。”[②]

（二）教育方式转变：从训练到交往

现代的教育不是以成“人”为终极目的，而是把人当作一种工具，把受教育者培养成为受过良好教育、技术纯良的“现代机器人”。各级各类学校非常强调科技知识和实用知识的教育，学生也渴望通过正规训练得到技术化的能力，以便今后在工作岗位中有“用武之地”，学校似乎已经变成了“职业训练场”。可见，教育难以摆脱工具论的影响，仍注重“训练”“操作”“谋利”，这是一种远离受教育者心智发展的教育。

教育将学生物化、工具化式的训练，采用的是对象性思维，教师以客体化、对象化的方式研究学生，以对待“物”的方法来对待学生。在工具理性的支配下，人们往往把实践理解为“主体有目的地改造客体的物质客观活动”，教育过程也就成了一种主体改造客体的技术过程。人们顺理成章地认为，教育是教育者按照一定的社会要求，对受教育者的身心进行有目的、有计划、有组织的教育训练，以使受教育者发生预期变化的活动。[③]

教育是教育者与受教育者作为完整的人而发生的相互作用行为，而不是物与物之间的机械互动，更不是对物的占有、利用、改造，教育不应该是一种工具性

①[德]雅斯贝尔斯：《什么是教育》，邹进译，北京：生活·读书·新知三联书店，1991年版，第64页。

②[美]赫钦斯：《教育中的冲突》，北京：人民教育出版社，1980年版，第198页。

③白逸仙：《大学教育：一种培养全人的精神交往》，《辽宁教育研究》2008年第5期，第88—91页。

行为范式。[①]雅斯贝尔斯认为，训练“是一种心灵隔离活动”，真正的教育应是“人对人的主体间灵肉交流活动”，是年轻人“与人格平等的求知识获智慧的人进行富于爱心的交流”。只有当教育方式转变成主体与主体间的交往行为时，教育者与受教育者才能够平等自由地交往，才愿意把整个身心投入交往中。教师不再是人类灵魂的“塑造者”，而是“引发者”，教师在传授知识的基础上更多地与学生交往，使学生在交往中体验到平等、自由、民主、尊重、信任、同情、理解、宽容和爱，同时得到激励、鼓舞、指导、忠告和建议，形成积极的人生态度与情感体验。通过这种方式，学生才能在交往中成长为人格丰富的主体，而非“单功能的计算之人，在仅仅维持生命力的状况中逐渐萎缩而无法看见超越之境”[②]。

现代教育过程中对学生的训练，还具体表现为对学生进行知识灌输。教育方式的改造，应该从“灌输”转变为“对话”。雅斯贝尔斯对教育过程的认识，是通过对教育与训练、照料和控制的比较来阐释的。雅斯贝尔斯认为，训练“是一种心灵隔离活动”，照料意味着“生命体将会萎缩、无节制，变得晦暗不明和无知粗俗”，控制“是针对自然与人而言的，其方法是主客体在完全疏离的情况下，将我的意志强加于他人身上”，而真正的教育“是人的灵魂的教育，而非理智知识和认识的堆积”。显然，雅斯贝尔斯对教育过程中的训练和控制持否定态度。他进一步说明：“什么地方计划和知识独行武断，对精神价值大张挞伐，那么这些计划和知识就必然会变成自身目的，教育就将变成训练机器人，而人也变成单功能的计算之人，在仅仅维持生命力的状况中可能会萎缩而无法看见超越之境”[③]。

雅斯贝尔斯对教育过程的阐释，启发我们反思今天的“灌输”式教育。长期以来，我们对一个合格教师的要求是，必须“自己有一桶水，才能倒给学生一杯水”。该思想的背后，学生被无情地当作“容器”，教师的作用就是“灌输”，整个教育过程成了教师一个人的“独白”。之所以如此，是因为传统教育采用的是对象性思维。对象性思维方式要求以客体化、对象化的方式研究人，其本质就是以对待“物”的方法来对待学生。把教育理解为一种生产性的实践活动，教育过程也就成了一种主体改造客体的技术过程。学校成了“工厂”，课堂成了“车间”，为了提

①③许锋华：《雅斯贝尔斯交往教育思想探析》，《内蒙古师范大学学报》(教育科学版)2005年第11期，第13—16页。

②[德]雅斯贝尔斯：《什么是教育》，邹进译，北京：生活·读书·新知三联书店，1991年版，第56页。

高“生产”效率，种种控制学生的技术理所当然地被采用。而这种教育所培养出来的人，“不是他自己，他除了是一排插销中的一根插销以外，除了是有着一般有用性的物体以外，不具有什么真正的个性”[①]。

雅斯贝尔斯的本真教育思想，把“生存交往”作为一种真正的交往，强调行为者之间通过“爱的斗争”达到相互理解，取得一致意见。雅斯贝尔斯还认为，在教学中师生关系是平等的，彼此之间可以积极开展“毫无保留的激烈讨论”，主张师生之间开展“善意的论战”。他说：“老师和学生始终站在同一个平面——两人共同努力去弄清事实真相。”[②]雅斯贝尔斯的本真教育观给了我们深刻的启示，在完美的师生交往中教师的职能不仅是传授知识，而且是更多地创造师生交往的机会，表现出对学生学习主动性的高度重视和对学生主体意识的尊重，使学生在交往中体验到平等、自由、民主、尊重、信任、同情、理解、宽容，同时得到激励、鼓舞、指导、忠告和建议，形成积极的人生态度与情感体验。在这种流淌着爱的教育中，教师和学生彼此能够穿透外在的形象、声音和显性的行为举止，直至对方心灵最温暖、最高洁的一隅，展现出人性中最美好、最真实的一面。正如雅斯贝尔斯所言，只有柏拉图眼中的苏格拉底，才是真正的苏格拉底。[③]

现在的教育方式，如何从训练转变为交往？雅斯贝尔斯认为可借助“对话”这一途径实现。在雅斯贝尔斯的本真教育思想体系中，交往教育方式居于重要地位，建立在他的交往哲学的基础上。他认为，交往不仅可以促进思想的交流和真理的传播，还有助于师生交往能力的提升。对于大学教育来说，交往教育尤为重要。一方面是所有学科的彼此融合，另一方面是所有人之间的充分交流。因而，师生交往能力的培养离不开交往教育方式并通过对话这一途径得以实现。

雅斯贝尔斯指出，教育过程是师生对话交往的过程。该过程中如果没有对话，就不能算是真正意义上的教学，最多只能算是传授。通过对话，教师和学生之间、学生与学生之间交流知识、情感、态度、价值观等信息，从而达到相互学习，共同进步。这是一种动态的信息交流。在我国现行的教育体制下，教师几乎

①[德]雅斯贝尔斯：《时代的精神状况》，王德峰译，上海：上海译文出版社，1997年版，第43页。

②[德]雅斯贝尔斯：《什么是教育》，邹进译，北京：生活·读书·新知三联书店，1991年版，第157页。

③许锋华：《雅斯贝尔斯交往教育思想探析》，《内蒙古师范大学学报》（教育科学版）2005年第11期，第13—16页。

把持甚至垄断了课堂上的“话语权”，按照自己对知识的理解和既定的教学思路把学生的思维引入教学计划之内，抹杀了学生自身的领悟和思考，严重抑制了学生的创造力。在这样的教育过程中，师生之间的对话严重不足，进而影响师生之间的理解和交往。因此，在教学实践中需要建立对话的交往形式。对话要求以师生双方的平等为前提，以创造性、批判性、实践性为基础，转变师生之间的控制关系为适时有效的指导关系，使教学彻底从过于缺少学生话语的形式中解放出来，彰显教学的动态互动过程。对话的教学交往形式，提供给师生更大的磋商、探索空间，从而在对话中实现对真理的本然之思。

在当前以传授为主的教学形式下，雅斯贝尔斯的对话交往理论具有重要的现实意义。教师采取提问式的对话教学，迫使学生在错综复杂的困惑中去自我思考，在思考中形成自己独立的判断，不断重构既有的知识和意义，从而辨明真理。对话的教学形式已经成为教学形式发展的趋势，因此，必须加强师生之间的对话交往。而学校作为传播真理的重要机构，更要重视对话交往。师生双方彼此敞开内心世界，互相接纳，在对话中形成丰富的人格，提升精神境界。只有在对话的情境中，教师培养出的学生才是精神丰富的思想者，而不是灵魂缺失的技术人。①

（三）教育境界提升：从知识到精神

现行教育重视知识教育、忽视精神陶冶的现象普遍存在。这一现象突出表现为大学教育主要对学生进行专业教育，仅仅以拓展学生的知识面、扩充学生的知识量、培养学生的专业技能作为主要任务。在大力提倡素质教育的今天，各个学校也主要以开设人文课程，举办人文与社会科学讲座等形式来提高学生的素质。但是，这些知识往往很难被学生内化，很难对学生精神世界的丰富起到有效作用。在“社会适应论”观念的引导下，大学教育倾向于教人去追逐、适应、认识、掌握、发展外部的物质世界，而遗忘了在精神世界中导引的职责，其本真的追求真、善、美的精神在不知不觉中被过分的功利追求和短期效应所冲淡，甚至悄然消失。

雅斯贝尔斯强调的“全人”主要指精神层面的大全。如果教育境界没有上升

---

①关静：《雅斯贝尔斯的大学教师观研究》，河北师范大学2011年硕士学位论文，第28—29页。

到精神层面，那么“全人”从何而来？精神境界的缺乏，必然会导致其对“全人”的培养和塑造出现许多缺少深刻思维和批判精神的“单向度的人”。因此，必须提升教育的境界，充分认识到本真的教育不是简单的知识传授，不是将人打造成最有用的工具，而在于促进人精神的成长和转变。教育是生命与精神的融合，只有融于人的精神建构中才有其真实意义。正如雅斯贝尔斯所言：“如果说大学是服务于科学与学术的，而科学与学术又只有在它们作为整个精神生活的组成部分时才是有意义的。那么，这种精神生活无疑就是大学安身立命的根本所在。”①

雅斯贝尔斯认为，教育不只是获得知识、技能的活动，而且是师生共同参与的精神生活。学校作为整体精神成长的过程，是促进人的知、情、意统一发展的过程。学校要成为自由的、开放的、广博的人才成长摇篮，就必须超越许多可知可见的物化的东西，确立自己的精神立足点，真正成为丰富和发展个体生命的精神家园，产生一种高尚的精神氛围，使人身在其中能有所感悟，能够在精神气质甚至言谈举止上有所提升，以至实现个人整体的超越。②

雅斯贝尔斯认为，教育境界的提升，在于必须培养出超越“占有式的主体”，走向“世界历史的人”。

“生产”实践范式中的教育所培养的人是一种只知道对外界进行攫取、占有和拷问的“占有式的主体”。在人类面临严重生存危机的今天，这种“占有式的主体”已经不能适应时代发展的需要。因此，我们需要提升教育的境界，改变教育的价值取向。

雅斯贝尔斯在20世纪就为人类教育的发展方向指明了出路。他说：“对整个教育问题的反思，必然追溯到教育的目标上去。人类的将来，取决于本真教育的能否成功。”③本真的教育不是将人打造成最有用的工具，而是促进人精神的成长与转变，“借助精神的转变，人们不但不会被生产力和制造武器的技术打败，

①[德]雅斯贝尔斯：《大学之理念》，邱立波译，上海：上海译文出版社，2007年版，第26页。

②白逸仙：《大学教育：一种培养全人的精神交往》，《辽宁教育研究》2008年第5期，第88—91页。

③[德]雅斯贝尔斯：《什么是教育》，邹进译，北京：生活·读书·新知三联书店，1991年版，第50页。

反而能掌握它们，挽救我们的生存”[①]。精神世界丰富的人必定不再仅仅关心自我的私利，而是“与世界连成一体，在任何程度上都能够成为他自己，这与该世界的清晰与丰富程度成正比”。这种人就是具有普遍的世界历史意识的人，概括地说，就是“世界历史的人”。走向“世界历史的人”，是人类教育发展方向的教育目标。中国的教育不能游离于世界之外，因此，改变价值取向、提升教育的境界是中国现实教育一个非常迫切的问题。[②]

雅斯贝尔斯认为，陶冶的本质是唤醒人的此在和内在精神，“陶冶不是天生的，它与传承、教育、家庭的祖先、团体的本质有关。正是在陶冶过程中，人的内在精神才被真正唤醒。一个民族的精神层次是由这一民族的陶冶方式所决定的”[③]。回归生活世界，找回失落的主体是教育目前重要的课题之一。教育的生活世界是指与教育活动密切相关的社会生活领域，教育进入生活世界，展示人的社会化过程，这是教育的特性和现代社会的客观要求。教育源于现实生活，脱离了生活世界的生动真实写照，教育也就失去了其存在的根基和生命力。教育必须介入社会生活领域。同时，教育只有深入社会生活领域，才能扩大教育原来狭隘的视界，有效地利用社会中的各种力量和资源，使各个群体都参与到教育中来。[④]教育只有在生活世界的真实写照中，并通过精神关怀，才能使受教育者深刻地感受教育的实施给自己带来的幸福感。教育的过程中对受教育者进行精神关怀，能激发受教育者学习的动力和需求，使他们在学习的过程中通过自身德性的提升和完善而消化教育的内容。在教育过程中关注受教育者的精神成长、注重精神关怀，就是要不断地提高受教育者对教育内容的认知感，使受教育者伴随着精神成长的过程而体验境界提升给自己内心带来的愉快、幸福和满足，从而达到身心的全面发展与自由，体验由于教育过程的开展给自己带来的唯独人才拥有的一种最高享受。[⑤]

---

①[德]雅斯贝尔斯：《什么是教育》，邹进译，北京：生活·读书·新知三联书店，1991年版，第69页。

②许锋华：《雅斯贝尔斯交往教育思想探析》，《内蒙古师范大学学报(教育科学版)》2005年第11期，第13—16页。

③[德]雅斯贝尔斯：《什么是教育》，邹进译，北京：生活·读书·新知三联书店，1991年版，第105页。

④刘秉亚：《论思想政治教育交往》，河南大学2010年硕士学位论文，第42页。

⑤陈兆翰：《雅斯贝尔斯存在主义视域下体验式思想政治教育研究》，西北师范大学2012年硕士学位论文，第57页。

二、本真教育的局限性

任何一种理论或思想都有其不足之处，我们不能要求一种教育思想能够解决所有的教育问题，这样的想法本身就是不科学的。因此，雅斯贝尔斯的本真教育思想，在充满了远见卓识的同时，也存在一些不容忽视的局限。雅斯贝尔斯的教育思想存在主义色彩十分浓厚。存在主义哲学的非理性特点、唯心主义的神秘色彩和个人主义倾向性，在雅斯贝尔斯的主要教育观点里都有突出的表现。这既是他本人教育思想的局限性，也是整个存在主义流派教育思想的局限性。下面通过阐释雅斯贝尔斯存在主义哲学的局限性，来理解其教育思想的局限性。

（一）雅斯贝尔斯存在主义哲学的局限性

1.对客观规律和理性原则的否定

雅斯贝尔斯存在主义哲学的核心是自由与超越。他把人的自由看作绝对的和必然的、无条件的，只有真正自由的人才是真正存在的人，从而否定了客观规律对人的限制与制约。表现在其教育思想上，则是过分强调教育对个人绝对自由的尊重和培养，从而忽视了人作为社会中人的社会性的一面。教育固然要重视与尊重受教育者的需要和发展，但是这并不是教育的唯一任务，教育具有社会性，应当承担一定的社会职能和任务。他强调教育者和受教育者之间是一种平等的、民主的关系，但是他却没有把这种关系建立在一定的客观基础之上，因此带有一定的唯心主义色彩和空想性。

雅斯贝尔斯认为，“时代的精神困境”源于对理性和非理性的僵化理解。因此，他是怀着对理性的强烈信念去追求理性，却在现实中处处受到理性的限制，最终发现理性的局限和现实的无奈。雅斯贝尔斯从社会生活、医疗、科技、教育、艺术以及意识形态等各个方面对当时的社会进行了全面的剖析。首先，是机器进步带来的问题，“机器的轰鸣声”带来了社会财富的迅速增加，但带走了对人们现实生活的理解和对自我价值的认知，个人的意识完全融入社会当中，在社会中“我”这个主体是以“我们”形式存在的。其次，是社会机器的统治。工业文明的社会机器的力量起到了决定性的作用，人们只是在重复流水线上的工作，在这个过程中资本家最大化地剥削劳动者的劳动成果，因此，在这种机器统治的社会里，人们逐渐丧失了自我，也渐渐变得冷漠。最后，是工作中快乐的丧失。主动追求和自我意愿是维持快乐的基本因素，但社会的机器化、制度化和人们的机械化与这种追求快乐的方式构成了矛盾。因此，人们越来越孤单，工作只是生存或者是积累财富的手段。

根据雅斯贝尔斯的描述，我们可以知道，在当时的社会中，雅斯贝尔斯对个人生活单调化、人个性的丧失、人们陷入异化的状态等问题的分析具有非常重大的意义，这些理念触及了资本主义自身的问题。他认为，科技发展的时代，人们的生活水平虽然提高了，精神世界却依然贫瘠，人们甚至忘记了对生存意义的追求。在工业文明急速发展的当下，人们关注自我，以自我为中心，却又极度孤独，因此，人们纷纷陷入极端痛苦与异化的状态中。在这个层面上，雅斯贝尔斯对当时社会的分析无疑是一针见血的，但是雅斯贝尔斯等存在主义代表们并没有解决人的异化问题，没有为人们如何摆脱工业文明这种矛盾状态提供一条出路。而且，他们把人的自由看作是绝对的，是没有任何条件限制的自由，这种看法显然是脱离现实且极其错误的。

人是社会的存在物，处在一定的生产关系、阶级关系中，人的一切活动与思想都时时刻刻与周围的环境发生着这样那样的联系，所以人离不开外部世界和客观规律，人的自由是在集体和社会中实现的。人们在交往过程中构成存在的共同体，在这个共同体中实现自我的价值和理念。可以说，人是共同体中的人，而共同体是人们生活和存在的舞台基础。雅斯贝尔斯的这个“理想国”实际上割裂了现实和共同体的关系，把这种理想的状态视为人们会在某年某月实现的一种现实，把绝对的自由推到理想的彼岸王国中，这种“生存体”不存在于现实的光辉下，因此现实共同体感受不到这种理想状态的存在。由此看来，雅斯贝尔斯的绝对自由是一种主观臆断，在现实生活中是无法实现的。雅斯贝尔斯总是力图张扬人的个性和价值，追求一种超越存在，但是这种超越是一种非理性的思维，这是雅斯贝尔斯存在主义哲学中明显的局限。

2.悲观主义哲学

尽管雅斯贝尔斯的存在主义哲学提倡自由，但是与当时崇尚科学理性的文化背景相对立，乐观的情绪中带着悲观。雅斯贝尔斯认为，人被无缘无故地抛入这个荒谬的世界中，心情惆怅，前途渺茫，最终逃脱不掉死亡；人活着没有希望可言，人除了被动地接受现实以外，别无选择。

雅斯贝尔斯认为人一旦失去精神家园或者陷入“无根”状态就陷入了精神危机。在工业急速发展的社会中，人们的物质财富极度增加，但人们的精神财富却被极度压榨了。失去精神家园的人们并不快乐，在这种精神状态下，人们的精神痛苦是前所未有的。因此，雅斯贝尔斯认为，在这样的生存状态下，人们一手拥有财富，一手却握着孤独与恐惧，这样的人生实则是无意义的。因此，雅斯贝尔斯陷入了无限的现实循环中，也陷入了悲观失落的情境中。

首先，雅斯贝尔斯的悲观情绪源于他对当时现实的认知，这和他对当时人们异化状态的认知是一致的，即发现了人性异化的弱点却没能为人们提供一条出路。这无疑也告诉我们，在这个问题上他本身也是困惑甚至是无奈的，“梦醒了，无路可走”的状态让他陷入了悲观的境地，从而进入厌世状态。

其次，这无疑又和其提出的“绝对自由”的理念相吻合，绝对自由的状态只能存在于理想中，这种理想在现实社会中是无法实现的。因此，自我的理想与现实的矛盾又加深了他的悲观情绪。雅斯贝尔斯认为，罪过、斗争、苦难、死亡这四种边缘状态是人们必须要面对的，而死亡才是生存得以实现的条件，这种现实的悲剧冲突加深了雅斯贝尔斯的悲剧理念。

最后，雅斯贝尔斯从形而上学的角度去解释悲剧。他认为，人们在克服悲剧困境的奋斗中，人类的自我超越在反抗不幸中，以挫折或毁灭为代价，最终才使精神得以提升，这种超越得到存在也即哲学的意义所在。在他看来，悲剧冲突可以是生活方式的冲突，每个时代都有占主导地位的生活方式，在新旧交替的过程中，悲剧就产生了。因此，当下的社会生活环境恰恰孕育了悲剧，人们往往在求知过程中毁灭了生命和幸福，这无疑和他之前怀揣理性之心追求理性却处处碰壁的情境相同。现实与理想的差距，最终使雅斯贝尔斯走上了悲剧之路，以期通过悲剧寻求解决生存之道。[①]

---

①李丽：《存在与超越——雅斯贝尔斯的生存哲学研究》，黑龙江大学2012年硕士学位论文，第36—39页。

（二）本真教育哲学思想的局限性[①]

基于以上对雅斯贝尔斯存在主义哲学局限性的阐释，其本真教育哲学思想具有以下局限性。

1.虚玄的理论基础

雅斯贝尔斯教育哲学立足于“存在论”，“存在论”以“大全”“超越”“大全本体论”“临界境遇”等高度抽象的哲学范畴为主题。此类范畴仅存于哲学意念之中，不可感知，难以言谈，其作为对“理性认识”的哲学批判或有其合理性，但融贯于教育哲学则难免晦涩难懂，陷于虚玄。“虚玄”之弊使雅斯贝尔斯对“教育”的理解偏重“灵肉的交往”“精神熏陶”，对“本真教育”的分析则未能及于其实质内涵与现实路径，给人“凌空蹈虚”之感。例如，本真教育中抽象人性论色彩就是具体表现之一。雅斯贝尔斯所理解的“人”和“人的精神”是脱离了具体历史条件和现实社会生活的人及精神。因此，他所主张的教育理想也就是从抽象的“人”的概念出发的，这也是一般的存在主义的通病。此外，还表现为思维方式的形而上学色彩。他把“控制训练”与“启迪生成”、工具价值与人的生成价值、讲授训练与陶冶交往等教育方式绝对对立，从一个极端走向了另一个极端。[②]

2.过度的理论批判

“存在”与“认识”的关系是认识论批判的前提。雅斯贝尔斯将二者的关系理解为“存在”是“认识”的载体，并激发“认识”的产生，因此，比“认识”更为基础和根本。此论虽没有完全否定教育活动中的“认识”，但“重本轻末”的倾向却易使教育的“认识”维度遭到轻视。实际上，“认识”和“存在”相互依傍，互为基础，仅突出“存在”之于“认识”的基础而无视其反面，必然导致对“认识”的过度批判。雅斯贝尔斯的本真教育思想，反映了他的主观唯心主义和极端个人主义的哲学思想。该哲学思想推崇上帝信仰主义，强调个人的自我发现、自由发展和自我完善。表现在雅斯贝尔斯的教育思想上则为过分强调学生的主体性的一面，忽视了知识和道德的客观性的一面，因而其教育思想作为反理性的一种教育思潮，有极大的局限性。[③]

---

①雷云：《教育认识论的危机》，《四川师范大学学报（社会科学版）》2011年第5期，第72—76页。

②张静：《雅斯贝尔斯的大学思想及其启示》，《武汉冶金管理干部学院学报》2012年第1期，第58—60页。

③荀振芳：《教育：对生命本原的追问和超越》，《大学教育科学》2004年第2期，第82—85页。

雅斯贝尔斯生平、著作年表

1883年2月23日，卡尔·特奥多尔·雅斯贝尔斯出生于奥尔登堡。

1892—1901年，就读于奥尔登堡文科中学。

1901年，中学毕业，跟随巴登威尔的阿尔伯特·弗拉恩克尔学习疾病诊断术。

1901—1902年，在海德堡上大学，学习法学。

1902年，在慕尼黑学习法学。旁听克拉格期、西尔斯、马丽雅的笔迹学课程，决定学习医学。

1902—1903年，在柏林学习医学。

1903—1906年，在哥廷根学习医学。

1906—1908年，在海德堡学习，并结束学业。

1907年，结识格尔特鲁德·迈耶。

1907—1908年，准备国家考试。

1908年，获得医学博士学位，论文题目为《乡恋与犯罪》。

1909年，获得医生开业许可。

1909—1915年，在海德堡精神病院做助理医生。

1910年，结婚。著《嫉妒狂》。

1911年，著《虚假知觉分析(真实性和实在性判断)》。

1912年，著《虚假知觉——心理病理学中的现象学研究方向》。

1913年，向文德尔班申请并获得大学心理学教授资格。

1916年，任海德堡大学心理学副教授。

1919年，著《世界观的心理学》。

1920年，与海德格尔建立友谊，任海德堡大学哲学副教授。

1921年，拒绝格拉夫斯瓦尔德和基尔的招聘，任海德堡大学哲学私人教授，任尼德兰神经病治疗学和神经学学会名誉会员。

1922年，任海德堡大学哲学教授(继海因里希·迈耶之后)，为维也纳实用病理学和心理学协会通讯会员。

1923年，著《总体性观念》。

1928 年，拒绝波恩的招聘。

1931 年，著《时代的精神状况》。

1932 年，著《哲学——马克斯·韦伯》。

1933 年，被排除出学校管理机构。

1935 年，著《理性与生存》。

1936 年，著《尼采》。

1937 年，被免职。

1938 年，著《生存哲学》，之后被禁止发表作品。

1939 年，接到去巴黎任研究员的邀请，但拒绝了。

1940 年，父亲去世。

1941 年，母亲去世。

1941—1942 年，受邀去巴塞尔作客座讲师，但夫人被禁止与之同往，因而该邀请遭到雅斯贝尔斯的拒绝。

1945 年，重新被任命为大学首府评议员。

1946 年，任名誉评议员，著《精神病理学概论》（新版）《罪责问题》《总体性观念》（新版）。

1947 年，日内瓦国际哲学会议上与格奥尔格·卢卡奇发生争论，获莱茵河畔法兰克福城颁发的歌德奖金，任洛桑大学名誉博士、高级讲师，著《真理论》。

1948 年，迁于巴塞尔。接受聘请，做保尔·荷贝林的后继者，著《哲学信仰》。

1949 年，受 E.R.库提乌斯抨击，著《论历史的起源与目的》。

1950 年，著《哲学引论》《我们时代的理性与反理性》。

1951 年，著《理由与展望》。

1953 年，任海德堡大学名誉博士教授，任德国神经学和神经病治疗学学会名誉会员，任维也纳精神疗法普通医学学会名誉会员，著《利奥那多作为哲学家》。

1954 年，著《非神秘化问题》。

1955 年，著《谢林》。

1957 年，著《伟大的哲学家们》。

1958 年，获德国书业和平奖，任达姆斯塔特德国语言和诗歌学院名誉会员，任波斯顿美国艺术和科学学院名誉会员，著《原子弹与人类未来》《哲学与世界》。

1959 年，获埃拉姆斯奖，任巴黎大学名誉博士，任日内瓦大学名誉博士，被评为高级讲师。

1960 年，著《自由与重新联合》。

1961 年，退休，著《总体性观念》(新版)。

1963 年，获奥尔登堡基金会奖金。成为奥尔登堡城名誉公民，马德里医学学会名誉会员，拒绝接受联邦共和国勋章。

1964 年，获 Pour Le Merite 勋章，任伦敦英国医学——心理学联合会名誉会员，成为比利时皇家科学院成员，雅典科学院名誉会员。

1965 年，获国际和平奖，著《哲学思维的小学校》《希望与忧虑》。

1966 年，任美国精神病理学学会名誉会员，著《联邦共和国向何处去？》。

1967 年，获得巴塞尔公民身份，退还德国护照，著《答复》《命运与意志》《哲学文集》。

1968 年，著《获取与争论》。

1969 年 2 月 26 日逝世。

参考文献

[1][德]雅斯贝尔斯.什么是教育[M].邹进,译.北京:生活·读书·新知三联书店,1991.

[2][德]萨尼尔.雅斯贝尔斯[M].张继武,倪梁康,译.北京:生活·读书·新知三联书店,1988.

[3][德]雅斯贝尔斯.卡尔·雅斯贝尔斯文集[M].朱更生,译.西宁:青海人民出版社,2003.

[4][德]雅斯贝尔斯.时代的精神状况[M].上海:上海译文出版社,2005.

[5][德]雅斯贝尔斯.历史的起源与目标[M].魏楚雄,俞新天,译.北京:华夏出版社,1989.

[6][德]雅斯贝尔斯.哲学自传[M].王立权,译.上海:上海文艺出版社,1989.

[7][德]雅斯贝尔斯.大学之理念[M].邱立波,译.上海:上海人民出版社,2007.

[8][德]叔斯勒.雅斯贝尔斯[M].鲁路,译.北京:中国人民大学出版社,2008.

[9][德]雅斯贝尔斯.哲学与信仰:雅斯贝尔斯哲学研究[M].鲁路,译.北京:人民出版社,2010.

[10][德]伽达默尔.哲学生涯[M].陈春文,译.北京:商务印书馆,2003.

[11]鲁洁.人对人的理解:道德教育的基础——道德教育当代转型的思考[J].教育研究,2007(7).

[12]郭丽君.重新审视教育[J].内蒙古师范大学学报(教育科学版),2004(7).

[13]鲁洁.当代德育基本理论探讨[M].南京:江苏教育出版社,2003.

[14][美]弗洛姆.爱的艺术[M].陈维纲,译.成都:四川人民出版社,1986.

[15]车玉玲.总体性与人的存在[M].哈尔滨:黑龙江人民出版社,2001.

[16]王啸.教育人学[M].南京:江苏教育出版社,2003.

[17]叶澜.教育理论与学校实践[M].北京:高等教育出版社,2000.

[18]徐广宇.论现代大学的文化使命[D].天津:南开大学,2009.

[19]苗力田,李毓章.西方哲学史新编[M].北京:人民出版社,1990.

[20][英]汤因比,[日]迟田大作.展望21世纪:汤因比与池田大作对话录[M].北京:国际文化出版公司,1985.

[21]张楚廷.教育哲学[M].北京:教育科学出版社,2006.

[22][美]托马斯.不适应的少女[M].钱军,译.济南:山东人民出版社,1988.

[23]刘济良.论科学技术对人的异化与教育对人的价值世界的重建[J].教育理论与实践,2003(4).

[24]于光.德育主体论[D].长春:东北师范大学,2009.

[25][比]普里戈金,[法]斯唐热.从混沌到有序[M].曾庆宏,译.上海:上海译文出版社,1987.

[26]王攀峰.走向生活世界的课堂教学[M].北京:教育科学出版社,2007.

[27]孔林.论教育中权威存在的可能[J].四川教育学院学报,2007(3).

[28]黄英杰,崔延强.自我唤醒与教育救赎[J].教育学报,2012(1).

[29]刘卓红,钟明华.开放德育论[M].北京:人民出版社,2008.

[30]袁本新,王丽荣.人本德育论[M].北京:人民出版社,2007.

[31][印]阿马蒂亚·森.以自由看待发展[M].任赜,于真,译.北京:中国人民大学出版社,2002.

[32]郭元祥.生活与教育[M].武汉:华中师范大学出版社,2005.

[33]阳潭华.精神家园的丧失与回归[D].长沙:湖南师范大学,2009.

[34]辛世俊.人类精神之梦——宗教古今谈[M].郑州:河南大学出版社,2001.

[35][英]罗素.自由之路[M].李国山,译.北京:西苑出版社,2004.

[36]林和生.悲壮的还乡[M].成都:四川人民出版社,2005.

[37]戴茂堂.论社会发展的价值向度[J].学术交流,1995(4).

[38][美]马尔库塞.单向度的人[M].刘继,译.上海:上海译文出版社,2006.

[39]曹锦清.现代西方人生哲学[M].上海:学林出版社,1988.

[40]欧阳谦.人的主体性和人的解放[M].济南:山东文艺出版社,1986.

[41]方朝辉.重建价值主体:卡尔·雅斯贝尔斯对近现代西方自由观的扬弃[M].北京:中央广播电视大学出版社,1993.

[42][美]杜威.人的问题[M].傅统先,邱椿,译.上海:上海人民出版社,1965.

[43]王亚南.资产阶级古典政治经济学选辑[M].北京:商务印书馆,1979.

[44][德]黑格尔.精神现象学(下卷)[M].贺麟,王玖兴,译.北京:商务印书馆,1979.

[45][德]马克思.1844年经济学——哲学手稿[M].刘丕坤,译.北京:人民出版社,1979.

[46][英]密尔.论自由[M].许宝骙,译.北京:商务印书馆,1959.

[47][英]怀特海.科学与近代世界[M].何钦,译.北京:商务印书馆,1989.

[48][瑞]布克哈特.意大利文艺复兴时期的文化[M].何新,译.北京:商务印书馆,1979.

[49][法]勒费弗尔.狄德罗的思想和著作[M].张本,译.北京:商务印书馆,1985.

[50][德]弗罗姆.逃避自由[M].陈学明,译.北京:工人出版社,1987.

[51]苏国勋.理性化及其限制[M].上海:上海人民出版社,1988.

[52]徐崇温.存在主义哲学[M].北京:中国社会科学出版社,1986.

[53]康敏昌.雅斯贝尔斯教育思想研究及其启示[D].湖南师范大学硕士学位论文,2012.

[54]邢丽娜.自由的大学——雅斯贝尔斯存在主义高等教育思想研究[D].沈阳师范大学硕士学位论文,2011.

[55][以]本-戴维.科学家在社会中的角色[M].赵佳苓,译.成都:四川人民出版社,1988.

[56][美]哈里特·朱克曼.科学界的精英:美国的诺贝尔奖金获得者[M].周叶谦,冯世刚,译.北京:商务印书馆,1982.

[57]张斌贤.外国教育史[M].北京:教育科学出版社,2008.

[58]王振达.论科学发展观视阈中的教育本质[D].上海:复旦大学,2009.

[59]李丰茂.重建以人为本的教育观[J].职业技术教育,2006(4).

[60]杨德广,朱炜."以人为本"的教育观述略[J].现代大学教育,2004(4).

[61]齐欣,赵田峰.中国教育调查[M].北京:九州出版社,2005.

[62]周宏岩.论学校在人格教育上的不足及对策[J].北京化工大学学报,2002(2).

[63]王道俊,郭文安.主体教育论[M].北京:人民教育出版社,2005.

[64]扈中平.教育目的论[M].武汉:湖北教育出版社,2004.

[65]易元祥.现代教育的缺失与反思[J].现代教育科学,2002(5).

[66]康宁,杨东平,周大平,等.教育理念的反思与建设[J].教育研究,2003(6).

[67]刘济良.生命的沉思[M].北京:中国社会科学出版社,2004.

[68]王羽.体育教学世界的生命回归探索[D].东北师范大学博士学位论文,2008.

[69][美]杜威.民主主义与教育[M].北京:人民教育出版社,1990.

[70][美]杜威.学校与社会·明日之学校[M].北京:人民教育出版社,1994.

[71]中国科学院哲学研究所西方哲学史组.存在主义哲学[M].北京:商务印书馆,1963.

[72][德]谢林.先验唯心论体系[M].梁志学,石泉,译.北京:商务印书馆,1976.

[73]苗光宇.课堂教学生成研究[D].哈尔滨师范大学硕士学位论文,2012.

[74]冯建军.生命与教育[M].北京:教育科学出版社,2004.

[75][德]M.兰德曼.哲学人类学[M].阎嘉,译.贵阳:贵州人民出版社,1988.

[76]刘宝存.大学理念的传统和变革[M].北京:教育科学出版社,2004.

[77]刘放桐.现代西方哲学[M].北京:人民出版社,1981.

[78]潘懋元.高等教育学[M].北京:人民教育出版社,1995.

[79]郑永廷.人的现代化理论与实践[M].北京:人民出版社,2006.

[80]石中英.教育哲学引论[M].北京:北京师范大学出版社,2004.

[81]刘宝存.雅斯贝尔斯的大学教育理念述评[J].外国教育研究,2003(8).

[82]金生鈜.规训与教化[M].北京:教育科学出版社,2004.

[83]赵汀阳.论可能生活[M].北京:中国人民大学出版社,2004.

[84][德]黑格尔.历史哲学[M].王造时,译.上海:上海书店出版社,2006.

[85][加]马克斯·范梅南.教学机智:教育智慧的意蕴[M].李树英,译.北京:教育科学出版社,2001.

[86]吕星.雅斯贝尔斯的教育思想述评:雅斯贝尔斯《什么是教育》解读[J].前沿,2005(8).

[87]邹进.斯普朗格文化教育学思想概览[J].外国教育,1988(3).

[88]牛晓颖.问题与策略:解读雅斯贝尔斯的唤醒教育[J].南昌教育学院学报,2009(1).

[89]胡炳仙.教育即生成:雅斯贝尔斯《什么是教育》解读[J].煤炭高等教育,2007(1).

[90][美]弗罗姆.占有或存在——一个新型社会的心灵基础[M].杨慧,译.北京:国际文化出版公司,1989.

[91]郝克明.面向21世纪:我的教育观[M].广州:广东教育出版社,2000.

[92]程红艳.教育的起点是人的生命[J].现代教育论丛,2003(5).

[93]赵同森.唤醒灵魂的教育:雅斯贝尔斯教育思想解读[J].教育理论与实践,2006(18).

[94]李峻,刘玉杰.教育的本真:自由的生成与精神的唤醒[J].大学教育科学,2007(4).

[95]白逸仙.大学教育:一种培养全人的精神交往[J].辽宁教育研究,2008(5).

[96]祖嘉合.论自我教育[J].探索与研究,2003(3).

[97]陈兆翰.雅斯贝尔斯存在主义视域下体验式思想政治教育研究[D].兰州:西北师范大学,2012.

[98]孙明,朱洵.探索大学生自我教育的有效途径[J].中国特色社会主义研究,2005(1).

[99]许锋华.雅斯贝尔斯交往教育思想探析[J].内蒙古师范大学学报(教育科学版),2005(11).

[100]雷云.教育认识论的危机[J].四川师范大学学报:社会科学版,2011(5).

[101]荀振芳.教育:对生命本原的追问和超越[J].大学教育科学,2004(2).

[102]Karl Jaspers.Man in the Modern Age[M].trans.,Eden and Gedar Paul.London:Routledge & Kegan Paul Ltd.,1951.

[103]Karl Jaspers.Man in the Modern Age[M].London:George Routledge & Sons Ltd.,1933.

[104]Isaiah Berlin.Four Essays on Liberty[M].Oxford University Press,1969.

[105]F.Nietzsche.The Will to Power[M].London:Gegen Allen UnWin Ltd.,1924.

[106]Herbert Marcus.One Mimensional Man[M].London:Routledge & Kegen Paul Ltd.,1964.

[107]Karl Jaspers.Way to Wisdom[M].Yale Univesity Press,1954.

[108]Karl Jaspers.Philosphy[M].Vol.2.trans.,E.B.Ashton.Chicago:University of Chicago Press,1970.

[109]Walter Lowie.Kierkegaard[M].Oxford University Press,1938.

[110]Karl Jaspers.Basic Philosophical Writings, Selections[M].Ohio University Press, 1986.

[111]Karl Jaspers.Philosophie, Ⅱ.Existenzerhellung[M].Vierte unveranderte Auflage, Springer-Verlag, 1973.